职场口才技巧要论

李瑞章　张　扬◎著

吉林科学技术出版社

图书在版编目（CIP）数据

职场口才技巧要论 / 李瑞章，张扬著 . —长春：
吉林科学技术出版社，2023.7
ISBN 978-7-5744-0805-0

Ⅰ.①职…　Ⅱ.①李…　②张…　Ⅲ.①口才学 - 通俗
读物　Ⅳ.① H019-49

中国国家版本馆 CIP 数据核字（2023）第 168767 号

职场口才技巧要论

著　　者　李瑞章　张　扬
出 版 人　宛　霞
责任编辑　李永百
封面设计　易出版
制　　版　易出版
幅面尺寸　185mm×260mm
开　　本　16
字　　数　185 千字
印　　张　9
印　　数　1–1500 册
版　　次　2023年7月第1版
印　　次　2024年2月第1次印刷

出　　版　吉林科学技术出版社
发　　行　吉林科学技术出版社
地　　址　长春市福祉大路5788号
邮　　编　130118
发行部电话/传真　0431-81629529 81629530 81629531
　　　　　　　　　81629532 81629533 81629534
储运部电话　0431-86059116
编辑部电话　0431-81629518
印　　刷　三河市嵩川印刷有限公司

书　　号　ISBN 978-7-5744-0805-0
定　　价　75.00元

FOREWORD 前 言

　　如果说职场生涯只是人生的一段旅程，而人生则是一个人终身的竞技场。在这样的人生竞技场上，一个人在职场上成功与否，除了专业素质和从业能力不可或缺外，最重要的就是口才艺术。现代社会已不再是"酒香不怕巷子深"的时代，良好的口才是求职者进入职场途中一路前行的"路标"。美国成功学大师戴尔•卡耐基曾说："一个人的成功，仅仅有15％取决于技术知识，而其余的85％则取决于口才艺术。"由此可见，一个人步入职场能不能成为赢家，能不能站在人生领奖台上，在很大程度上取决于会不会说话。所以，在职场的交际中，是否拥有能说会道的口才技巧，无疑是职场人成功的首要的必备条件之一。

　　在日常生活中，你想与人有和谐的沟通，离不开口才。

　　在职场交际中，你想不被社会所淘汰，也离不开口才。

　　在市场营销中，你想打开消费者的心门，更离不开口才。

　　在仕途登攀中，你想收获人生的精彩，还是离不开口才。

　　在团队管理中，你想营造良好的人际关系，同样还是离不开口才。

　　在社会竞争日趋激烈的今天，你能不能面对不同职场的人从容地沟通，能不能按照清晰的逻辑思路去表达，这一点很重要，因为它直接关系到对方是否明白你要表达什么，以及你的表达能否打动对方并说服对方。

　　美国著名教育专家卡耐基说过："假如你的口才好……可以使人家喜欢你，可以结交好的朋友，可以开辟前程，使你获得满意的结果。譬如你是一个律师，你的口才便吸引了一切诉讼的当事人；你是一个店主，你的口才帮助你吸引顾客。""有许多人，因为他们善于辞令，因此而擢升了职位……有许多人因此而获得荣誉，获得了厚利。你不要以为这是小节，你的一生，有一大半的影响，是由于说话艺术。"的确，说话贯穿我们的一生，能说会道、能言善辩是一个人智慧的反映，是一个人事业能否成功、人际是否和睦的重要指标。这就是口才的重要性，也是口才魅力之所在。

我国著名散文家朱自清说过："人生不外言动，除了动就只有言，所谓人情世故，一半儿是在说话里。"由此可见，人之离不开说话，犹如鱼离不开水，其重要性可见一斑。但是，说话看似简单，其实在现实社会生活中，话说要做到"一句暖人心"并不那么容易，而要做到苏秦以连横说秦之舌绽莲花、诸葛亮舌战群儒之能言善辩就更加不容易了。正如台湾著名成功学家林道安所说："一个人不会说话，那是因为他不知道对方需要听什么样的话；假如你能像一个侦察兵一样看透对方的心理活动，你就知道说话的力量有多么巨大了！"的确，"说话的力量"是巨大的，但如果不懂得看透对方的心理，结果只能让自己活在"话不投机"的感觉之中，凡事很难左右逢源，更谈不上和谐相处。反之，即使有些人素质、能力一般，但是有一张好嘴，话随境迁，凡事说话因人而异，话语中肯，沟通言语讲究"到什么山上唱什么歌"的技巧，力求进退留余地、游刃有空间。这种对比，绝不是危言耸听，这是古今中外无数事实证明的金科玉律。从这个意义上说，一个人能否把话说得有"谨言慎行"的水平，塑造一个完美"说话形象"的魅力，对其人生的成败是非常重要的。

有鉴于此，《职场口才技巧要论》一书因此呼之而出。本书共分成七章，从理论上讲述了职场口才"学会说话"的口才训练，以及职场交际的基本技巧和职场交际的各种话术，从实战职场角度教会大家变"不可能"为"可能"。

人的一生几乎在人际交流中度过，说出的话，犹如泼出的水，收不回来，这是大家明白的道理。《诗·大雅·抑》："白圭之玷，尚可磨也，斯言之玷，不可为也。"在现代社会竞争激烈的背景下，"斯言之玷"对我们有着深刻的启迪作用，职场口才这门学问，其重要性也来也明显呈现在人们的面前。总之，一个平凡普通的人能否为自己打开一片属于自己的天地，在很大的程度上取决于自己的口才能力。

编　者
2022 年 9 月

CONTENTS 目 录

绪论

波斯诗人萨迪说过："你若不说话，不会有麻烦。你若开了口，就得有才干。"这句话中的"开了口"即说话，"才干"指办事的才能，在这里引用为一个人"开了口"的才华或才能，这就是我们平时所说的"口才"。"口才"之"口"，指的是口语的表达能力，而"才"则是指可供口语表达的知识、技巧和智慧等。"口才"是在说话的基础上的一种延伸性能力，"说话"是我们日常生活和职场交际绕不开的话题。

学会说话：人际往来的必修课

> 说话和事业的进展有很大的关系，是一个人力量的主要体现。你如出言不逊，跟别人争辩，那么，你将不可能获得别人的同情、别人的合作、别人的助力。
>
> ——富兰克林

朱自清说过："人生不外言动，除了动就只有言，所谓人情世故，一半儿是在说话里。"的确，我们每个人一生都生活在交际的说话里，没有谁不会说话，但会说话不等于能把"话"说好，特别是在"职场如战场"的今天，事业的成与败，也许就在一次交流、沟通的谈话中，这绝不是危言耸听，美国成功学大师戴尔·卡耐基曾经说过："当今社会，一个人的成功，仅有一小部分取决于专业知识，而大部分取决于口才的艺术。"由此可见，人的一生中，从恋爱到走进婚姻殿堂，从求职到走向辉煌人生，从交际到学会办事、能办好事……都需要说话的能力。说话是一种生存技能，它不仅是一个人修养、能力、智慧在交际过程中有效的口语表达策略，而且是交际生活中达到预定的交际效果的一把钥匙，它能打开人际关系的心灵之窗。

说话是一种学问。 每个人都会说话，说话简单，但不是每个人都知道话应该怎样说才好，能把话说"好"却不简单。

罗振宇在《奇葩说》曾提到："当代社会，最重要的能力是表达能力。"实际上，无论是哪个年代，说话都是一种学问，是有讲究的。学会说话，非常重要。善言者，左右逢源，事半功倍，水到渠成；不善言者，上下碰壁，事倍功半，寸步难行，甚至招来杀身之祸。

人在职场，每天总要面对人来人往，熟悉的，不熟悉的，年长的，年轻的，不同的场合，不同的对象，不同的事情，说话是衔接上下、兼顾左右、协调各方的"润滑剂"。俗话说"到什么山唱什么歌，见什么人说什么话"，说话不看对象，不看场合，不看身份，有时会在无形之中与人拉开距离，甚至"伤"人。

《鬼谷子·权篇》中有这样一段话：

与智者言，依于博；与博者言，依于辩；与辩者言，依于要；与贵者言，依于势；与富者言，依于高；与贫者言，依于利；与贱者言，依于谦；与勇者言，依于敢；与过者言，依于锐。

这是鬼谷子总结的与九种人说话的讲究，即在不同的人面前说不同的话，这是指说话要看对象。其弟子张仪得益于他的言传身教，学会了很多说话的诀窍，见什么人说什么话，巧于逢场说话，古今闻名。

"择人择言"是孔子主张的说话原则之一，很好地诠释了说话要看对象、场合和身份的重要性。"可与言而不与言，失人；不可与言而与之言，失言。知者，不失人，亦不失言。"，在孔子看来，可以和人交流，却没有和人交流，这是错失有共同语言的人才，而不宜交往的人，却与他交流，这是弄错了说话的对象。有智慧的人，不会失去有共同语言的人才，也不会选错说话的对象。

在人的各种能力中，说话最能表现一个人的才干、见识、智慧和水平。如果一个人善于说话，在大多数时候，往往会把别人放在心里，学会尊重别人，这样在成功路上就少了几块绊脚石，而不会说话的人，往往说话水平不高，不顾场合，不看对象，很难驾驭好自己的思想和感情，更谈不上处理好各种交流中做人处世的人际关系。孔子在《论语·季氏篇》中就有这样的记载：

侍于君子有三愆：言未及之而言，谓之躁；言及之而不言，谓之隐；未见颜色而言，谓之瞽。

这里，孔子提及侍奉君子容易过失三种人，一是没有轮到他发言而发言的"夸夸其谈"急躁者，二是到该说话时却不说话的"闭口不言"隐瞒者，三是未曾察言观色就开口的"眼光短浅"的盲目者，他们都有一个共同点，那就是不顾场合，不看对象，不会尊重人，自然只会引起人们的反感或厌恶。

说话要讲究场合，朋友间的把盏推杯，大可不必太于拘束，尽可以打开心门，如数家珍地聊个皆大欢喜，但有些场合，有些话对有些人可以说，而对有些人不要以为你想说什么就说什么。中国有句古语："病从口入，祸从口出。"每年高考揭榜，我们常常遇到三五成群，聚集于一处，谈论某人孩子考上本科，某人孩子只上专科，如此场合，你随意一句话，可能给人难堪，令人羞辱，也可能在往人的伤口上撒盐，不但"伤"人，而且"伤"了人的心。有伤痕就有裂缝，有裂缝就会有疏离，这种"不会说话"的拙劣表现，于你而言，不仅仅没有任何好处，还容易引火烧身。左邻右舍之间心理隔阂越来越没有感情，就是这个原因。"静坐常思己过，闲谈莫论人非"，老祖宗有关慎言的经典古语值得我们回味。

《周易·家人》："君子以言有物，而行有恒。"清·梁启超《跋》："言之无物，务尖险，晚唐之极敝也。"

说话是一种技巧。 语言是一门艺术，说话也不例外。艺术需要技巧去表现，说话的艺术更是如此。对于不同职场、不同身份的人，因受其职业、地位、学识水平等的影响，对其说话在很大程度上也有所不同，包括说话语气、内容、方式等。比如同一个问题、同一句话，你说的是平民百姓，也许人们觉得很平常，但如果是一个有地位、有身份的人，也许有人不怎么看了。所以，说话也是一种技巧，需要我们"巧说"。

《半月选读》2020年第11期，刊发了一则《丰子恺说"丰"》的故事：

一次，中国现代著名画家丰子恺在轮船上遇见一个钱庄商人问他的姓名。丰子恺答："姓丰。"钱庄商人纳闷地问："什么风？"丰子恺解释道："咸丰皇帝的'丰'。"

钱庄商人不解。因为年代相去甚远，商人也不大看历史书，因此并不知道咸丰。丰子恺又说："五谷丰登的'丰'。"谁知钱庄商人仍不知道是哪个丰，丰子恺哭笑不得，只好拿笔在纸上写了个"丰"。

钱庄商人一看，恍然大悟，连声赞道：这姓不错！是"汇丰银行"的"丰"啊！

丰子恺也乐了，心想：不错不错，"汇丰银行"的确比"五谷丰登"要时髦，比"咸丰"要通用。

没多久，丰子恺和一个农民同乘一辆车，二人交谈甚欢，丰子恺自我介绍道："鄙人姓'丰'，汇丰银行的'丰'。"农民大叔一辈子在乡下种田，并没听说过还有个汇丰银行，就摇头表示不知。丰子恺就说："咸丰皇帝的'丰'。"农民大叔只关注自己的温饱，并不去管谁又坐了江山，何况是百年前的皇帝，仍是摇头。

丰子恺只好在他手上写了个"丰"。农民大叔忙说："好姓好姓，年年丰收、五谷丰登的'丰'啊！"

丰子恺恍然大悟："一直觉得说话并不是难事，可对待不同的说话对象，要说的话还真不一样。看来，我也得好好学学说话的功夫啊！"

这个例子，涉及两个不同职业、不同身份的人，虽然话题一样，但丰子恺老先生没有根据对方身份"巧说",以致绕了个大圈子才把话说明白,用他自己的话说:"对待不同的说话对象,要说的话还真不一样。"这就是说,在与人交际的过程中,说话时要根据对方的职业、年龄、性别、学识水平等,有针对性地选择恰当的语言进行沟通交流,准确地表情达意,才不会造成交流的障碍。丰子恺老先生与商人交流时,如果直接用"汇丰银行"的"丰",而与农民交流时,直接用"五谷丰登"的"丰",也就可以少走弯路了。

著名作家刘绍棠到国外访问,一位外国记者不怀好意地问:"刘先生,听说贵国进行改革开放,学习资本主义先进的科学技术和管理方法,这样一来,你们的国家不就变成资本主义了吗?"刘绍棠反戈一击:"照此说来,你们喝了牛奶,就会变成奶牛了?"

面对西方记者"学习资本主义先进的科学技术和管理方法就会变成资本主义国家"这种谬论的"刁问",刘绍棠以其人之道还治其人之身,设置了一个与之相关的谬论———喝牛奶就会变成奶牛。这样,也就构成了一种与对方谬论相同而又荒唐的关系,实在精妙。"妙答"对"刁问",作家刘绍棠如此反击,显示出他面临诘难时的机敏睿智。这样,一个"刁问"的答案被刘绍棠成功地依样画葫芦抛了回去。

说话是一种智慧。说话是一种学问、技巧,更是一种智慧。南北朝时期,我国著名的文艺理论家刘思勰说过:"一人之辨,重于九鼎之宝;三寸之舌,强于百万之师",这里借"九鼎之宝""百万之师"的比喻,看似强调说话的表达能力、表达技巧的作用,实际上那"一人之辨""三寸之舌"恰恰彰显说话智慧的力量。

晏子将使楚。楚王闻之,谓左右曰:"晏婴,齐之习辞者也。今方来,吾欲辱之,何以也?"左右对曰:"为其来也,臣请缚一人,过王而行,王曰:'何为者也?'对曰:'齐人也。'王曰:'何坐?'曰:'坐盗。'"

晏子至,楚王赐晏子酒,酒酣,吏二缚一人诣王。王曰:"缚者曷为者也?"对曰:"齐人也,坐盗。"王视晏子曰:"齐人固善盗乎?"晏子避席对曰:"婴闻之,橘生淮南则为橘,生于淮北则为枳,叶徒相似,其实味不同。所以然者何?水土异也。今民生长于齐不盗,入楚则盗,得无楚之水土使民善盗耶?"王笑曰:"圣人非所与熙也,寡人反取病焉。"

这则案例出自《晏子使楚》,是楚王羞辱晏子的三个故事之一。羞辱晏子,就是羞辱齐国,逼使齐国臣服。晏子对楚王的反驳,并没有直白地否定楚王的说法,而是以橘生淮南、淮北而结不同果实的推理,得出水土不同,结果不同的判断,再用这个结论去评价盗贼这件事,暗指楚国的"社会环境、社会风气"不好,是生养盗贼的国家,可谓与周总理对美国记者的反讥式的急智应对,有异曲同工之妙。

建国之初，周恩来总理召开记者招待会，当一个外国记者挑衅地问新中国有多少个厕所时，周总理答道："2个。"在记者惊异的目光中，总理继续说道："一个男厕所，一个女厕所嘛！"顿时笑声四起，紧张的局面轻松下来。外国记者紧追不放，又问道："新中国有多少钱？"周总理笑着答道："十八元八角八分。"该记者又一愣。接着，周总理补充道："我们新中国现在发行了面值十元、五元、二元、一元、五角、二角、一角、五分、二分、一分的人民币，加起来一共是十八元八角八分。"说完，大家报以热烈的掌声。外国记者也知趣地停止了发问。

在日常的生活特别是职场的交际中，口语也就是"说"，在沟通、交流中绝对占首位的比重，"三寸不烂之舌""巧舌如簧"说的是舌头的厉害，而"哑巴吃黄连"说的是"说不出"的尴尬与窘困。有尴尬，有窘困，就有如何化解尴尬、消除窘困的策略，这就是"应对"。上面所举的例子，就是应对的例子，它是一种策略，更是一种智慧。广义上的"应对"，包括对聊天、沟通、提问、讨论、谈判中提出的回应，狭义上的"应对"，包括调侃、质疑、诘问、刁难时随机应变的话语能力。那么，怎样才能做到随机应变、维护尊严、消除矛盾或活跃气氛，彰显巧妙应对的智慧呢？

在"好运北京"2007国际乒联年终总决赛后，一位外国记者尖刻地问男乒名将马琳："在美国，人们最熟悉的中国运动员是姚明和刘翔，但你在中国的影响力似乎不比他们差。为什么你对中国人和外国人的吸引力有这么大的反差呢？"

马琳笑容可掬地解释："姚明和刘翔，一个代表了'高度'，一个代表了'速度'，这决定了他们受世界瞩目的程度更高、更强。而我受欢迎是因为乒乓球是中国的国球，中国人喜爱乒乓球就像美国人喜爱NBA一样……"马琳的回答立刻引来了热烈的欢呼，一位外国人还由衷地赞美道："中国的运动员很幽默，也很有智慧。"

让人尴尬或下不了台的事情，大多发生在料想不及的"问"，马琳在这里巧妙转换角度，以"中国人喜爱乒乓球就像美国人喜爱NBA一样"应对美国记者的尖刻之"问"，以充满智慧的幽默化解了尴尬，"赢"的不单是面子，还有自尊心和不可侵犯的人格、国格。

余光中是台湾著名的学者、诗人、散文家。有一次，在台湾一项文艺大奖中，获奖者大都是黑头发的晚辈，只有余光中年届花甲，白发染霜。相形之下，余光中颇不自在。在致辞中，余光中风趣地说："一个人年轻时得奖，应该跟老头子一同得，表示他已经成名；但年老时得奖，就应该同小伙子一同得，表示他尚未落伍。"话音刚落，满堂喝彩。

花甲之年跟年轻人同台领奖，难免会有尴尬，然而机敏的余光中先是不动声色地褒扬了年轻人的年轻有为，而后又恰到好处地表明自己宝刀未老、老当益壮，尽显豁达，前后一合，机灵的应对能力和谈吐的非凡魅力都表现得淋漓尽致，尴尬当然随之消失。

一次，马克·吐温乘火车外出，火车开得很慢。当查票员过来查票时，马克·吐温递给他一张儿童票。查票员调侃道："我还真没看出您还是个孩子呢！"马克·吐温回答："现在我已经不是孩子了，但我买票上车时还是个孩子哩。"

面对查票员的调侃，马克·吐温另辟蹊径，以他一贯的讽刺和幽默的风格，运用了夸张的手法，他上车时是个孩子，现在已经长大了，而车居然还没到站，语气诙谐，笑中带刺，讽刺火车的速度缓慢得离谱。

一天，大文豪萧伯纳碰到一位大腹便便的商人，商人讥讽他道："看见你，人们会以为发生了饥荒！"萧伯纳回击道："看见你，人们就会明白饥荒发生的原因。"

萧伯纳的回击，抓住对方的逻辑漏洞，运用与对方平行的逻辑推理，以谬制谬，心平气和地进行针锋相对的反驳，以牙还牙，不失为一种有效的谋略。

说话是一种修养。元·张养浩《寿子》诗："由弗修养，道乃违叛。"这里所说的"修养"，指的是"修治涵养使学问道德臻于精美完善。"由此可见"修养"是一个人的综合素质，是学识、智慧、善良、宽容和尊重等所表现出来的一种美德，它伴随着人的一生，一个人修养的好坏都直接通过人的言行传递给对方，是一个人能否融入人际交往圈子的重要标志。

人生在世，并非每个人的际遇都能一帆风顺。生活是一本教科书，很多时候，我们身边的每一个人，不可能天天生活在阳光里。《荀子·荣辱》有句名言："与人善言，暖于布帛；伤人以言，深于矛戟。"善言，善良者的"肺腑之言""悦耳之辞"，当有人陷入尴尬的窘境时，你帮人说一句解围的话，让人如沐春风；当有人感到沮丧自卑时，你帮人说一句鼓励的话，给人以力量；当有人因无助而感到绝望时，你帮人说一句安慰的话，给人点燃信心之火……这样，风雨中的心灵之花就会绽放芬芳，波涛中的人生之帆就会乘风破浪。

人与人相处，不同的人有不同的思想、不同的思维、不同的行为和不同的表达方式。因为不同，分歧和争端也就在所难免。职场是一个看不见硝烟的战场，与人进行交流，说话一定要有人际敏感度，一定要管住自己的嘴，哪些话该说？哪些话不该说？对不同的对象，在不同的场合，话该怎样说？这些都需要你用心把握的。要知道，"说者无意，听者有心"，你也不知道哪些人是可以信任的，说不定你的一次闲谈，就让别人抓住了把柄。因此，说话也是一种修养，只有把握说话的艺术，才能在山重水复中柳暗花明，才能在进退两难时左右逢源。

晚清名臣曾国藩为官三十载，在官场的成功，在于他说话奉行"戒多言"的原则。曾国藩说过:"行事不可任心,说话不可任口。"这源于一件小事——

曾国藩父亲过生日,老乡郑小珊前来祝寿,当时曾国藩刚入翰林院,得意忘形,拉着小珊夸夸其谈,口无遮拦,有的说没的也说,惹恼了郑小珊,于是郑小珊愤怒离去。事后曾国藩察觉到了自己的错误,懊悔不迭,此后他开始注意自己的言行。对于说话,他总结为六个"不说",既是说话的技巧,更是一个人的修养在语言表达上的外在表现。

一是不说直话。台湾著名成功学家林道安说:"一个人不会说话,那是因为他不知道对方需要听什么样的话;假如你能像一个侦察兵一样看透对方的心理活动,你就知道说话的力量有多么巨大了!"的确,在日常生活或职场交际中,我们"不知道对方需要听什么样的话",所以有时候话不要说得太"直"。在生活中,我们常常遇见一些人做错了事,或说错了话,如果你直接指出他的缺点或批评他,即使你说的话是对的,忠言逆耳,直言伤情,类似心直口快的"直言",虽没有恶意,也在当戒之列。

在言谈中,有人推崇说话应直言不讳,然而这种说话方式虽简单明了,容易伤害到别人的自尊心。英国哲学家、思想家培根说过:"交谈时的含蓄与得体,比口若悬河更可贵",委婉含蓄比起直截了当说话,更顾及人家的面子、自尊心,表达效果会更佳。"委婉"一词,在希腊语中的意思是"谈吐优雅",优雅的谈吐,如古人所说:"言有尽而意无穷,余意尽在不言中",与人交谈,如果说话表达的委婉、含蓄些,不把话说尽,给别人留点面子,既不失风度,又不伤和气。

二是不说闲话。莎士比亚曾经说过:"不要想到什么说什么,凡事必须三思而行"。无论是在日常生活或在职场的交际中,总有一些乏善可陈之人,他们往往喜欢在背后到处嚼舌根,不是废话、空话满天飞,就是牢骚、埋怨、脏话甚至无中生有的假话、谎话一大堆,有人把这些乏善可陈的话归为"闲话"。一句坏话,可能搅"黄"一桩生意,也带来一场纠纷;一句脏话,可能引发一次争吵,大打出手;一句烂话,可能与昔日好友分道扬镳;一句废话,可能缠上一场官司;一句假话,可能让人看清你的人品;一句谎话,可能让人鄙视你的人格,不耻你的为人。

说到不该说而说的闲话,不能不说《三国演义》中的"杨修之死":

曹操害怕有人暗自谋害自己,常吩咐侍卫们说:"我梦中喜好杀人,凡是我睡着的时候,你们切勿靠近我。"有一次曹操白天在帐中睡觉,被子落到了地上,近侍慌忙取被为他覆盖。曹操立即跳起来拔剑把他杀了,然后继续上床睡觉。半夜起来的时候,假装吃惊的问:"是谁杀了我的侍卫?"大家都以实相告。曹操痛哭,命人厚葬近侍。人们都以为曹操果真是在梦中杀人。只有杨修知道了他的意图,下葬时叹惜的说:"不是丞相在梦中,是你在梦中呀!"曹操听到后更加厌恶杨修,后来在"鸡肋事件"中，以扰乱军心为由，把杨修杀了。

俗话说："病从口入，祸从口出"，杨修如果没有"丞相非在梦中，君乃在梦中耳"那句不该说的闲话，也就不会祸患临身，付出招来杀身的代价。

说到闲话之害，有一个著名的故事。曾经任职于英国皇家的一名女侍，一日随口告诉同在厨房工作的同事说："我可以轻易在女皇的食物中下毒，而且不会被发现。"消息传出后，虽然女侍极力辩称只是随口的一句闲话，仍然被白金汉宫以"言行非常严重的不当"为由解雇，并且琅铛下狱，这也是由于一句闲话而招来横祸。

三是不说怨话。"怨话"之"怨"，其义有二：怨恨或责怪。"怨话"即"怨恨的话"或"责怪的话"。汉语成语与"怨"有关的成语有"怨声载道""民怨沸腾"和"天怒人怨"，其中"怨声载道"典出《诗比·大雅·生民》："实覃实訏，厥声载路。"《后汉书·李固传》："开门受赂，署用非次，天下纷然，怨声满道。"意思是说怨恨的声音充满道路。形容人民群众普遍强烈不满。"民怨沸腾"和"天怒人怨"之"怨"，它的意思和"怨声载道"之"怨"相同，这就是说，"怨话"表达的是对生活或职场中的一些现象不满的话。

来自对生活或职场中一些现象不满的话，随处可见，如对岗位的安排没有满足感，牢骚满腹的抱怨；对评优、评先没有优越感，喋喋不休的牢骚；对一己私利没有成就感，杞人忧天的怨声；对孩子成绩的不理想，寻找理由的责怪……凡此等等，可谓是"千人千品，万人万相"。

在现实的生活中，之所以有"这样""那样"的怨话，究其根本原因在于怨话产生的"根源"——负面情绪。弗洛伊德认为，"一切不利影响中，最能使人短命夭亡的，是不好的情绪和恶劣的心境，如忧虑和嫉妒。"负面情绪来源于职场、生活中的点点滴滴，不仅会使人际关系处于紧张状态，人与人之间缺乏良性互动，无法营造出自己与他人之间的融洽关系，既影响日常的生活、工作，又伤害自己的身心健康。

怨话，最容易产生人与人之间的心理隔阂。生活不易，每个人都在负重而行。怨话，解决不了任何问题，只会让别人难受，只会让矛盾升级，只会让人际紧张。怨气多了，朋友就少了；怨话多了，会改变别人的看法。人生一世，整天生活在"抱怨""埋怨"的情绪中毫无意义。不说怨话，是一种境界，也是一种修养，更是一种生活的本事。

四是不说狂话。《礼记·坊记》："君子约言，小人先言。"意思是说，有德行的人谨慎说话，注重干实事，说到做到；品德低下的人妄言妄语，抢先说大话，说到做不到。

"人外有人，天外有天。"它告诉我们，当一个人在某个方面很出色、很优秀时，人可以有傲骨，但不能有傲气，因为这个世界很大，要知道一个人，在地球上是沧海一粟，而地球比起太阳，又小得可怜，依此类推，太阳系在银河中，银河系在宇宙中，同样道理。一个人再有能耐，在职场生涯中也应该小心谨慎，"强中自有强中手，一山还有一山高"，倘若哪天来了个更加能干的人，你那得意时的"大放厥词"，一定马上成为别人的笑料，很容易招人厌烦；倘若哪天老板因为你的出色、你的优秀，给你升职，那你就更不能炫耀了。刘向在《说苑·谈丛》中说道："高议而不可及，不若卑论之有功也。"意思是：高谈阔论而难以做到的妄话，还不如说些浅近的话而能付诸行动有用。

人前不说狂话。《西游记》中有这么一句话："树大招风风撼树，人为名高名丧人。"生活中，不管你本事有多大，任何的成功都不不能成为炫耀的资本，人，本应谦虚；人，本应低调。口出狂言者，成不了大器，狂妄自大者，众人必嫌弃，因为"木秀于林，风必催之"，生活中，如若锋芒太盛，这样做容易成为众矢之的，往往会伤人于无形。

北宋著名词人，婉约派代表人物柳永，二十来岁时信心满满参加科考，落榜之后的他十分不甘心，写了一首《鹤冲天·黄金榜上》，表现出一种傲视公卿、轻蔑名利思想。皇帝原本就认为柳永的词汇过于艳俗，过于接地气，显得不够高雅，柳永听到如此之俗评价，丝毫不虚心接受，还口出狂言，皇帝便将他的名字列如黑名单，此后柳永又参加了两次科举都没有考上，真可谓是祸从狂言出。

才大不气粗，居功不自傲，别抬高了自己，降低了别人，别因为傲慢，觉得自己天下无敌，妄语轻言，结果没了人缘，丢了修养。

五是不说胡话。汉语成语中，与"胡话"有关的成语有 28 个，都是形容人说话没有根据，凭空捏造的瞎话，即谎话、假话、谣言。《史记·孟子荀卿列传》："其语闳大不经。"晋·羊祜《戒子书》："无传不经之谈，无听毁誉之语。"不经，不正常，指荒唐的、没有根据的言论。

《荀子》中说："流言止于智者。""流言"即谣言，它存在于社会的生活中。制造谣言，传播谣言，在互联网迅速发展的今天，"辟谣"的报道已不是偶尔的个别现象，而日常生活中的尔虞我诈，不是惹下无边的风波的谎话，就是斗得你死我活的坏话，既损人又害己。

生活中，一些看似只是不经意间的闲言碎语，如果源自胡话人之口，可能带来非常大的负面影响。2010 年夏，一趟从厦门飞往香港的航班，机上乘客蔡某在机舱过道上找座位时，回头问文走在后面的同伴："你箱子里有没有炸弹啊？"飞机上的乘务长麦小姐听到后心里一惊，立即向上报告。一句看似开玩笑的戏言，虽不是有意编造的谣言，但是一句没有任何根据胡话，造成飞机延误 2 小时 12 分的后果，其本人也受到处罚。

一个人，如果偶尔说句谎话、胡话，如父母因病胡思乱想，儿辈为隐瞒病情说谎话，这是一种安慰，一种"善意的谎言"，说说也无妨，无可厚非，但一个人如果经常说胡话，在人与人之间就会失去人家的信任，很难与人相处了。《弟子规》："凡出言，信为先。诈与妄，奚可焉"，这句话告诉我们为人必须讲信用，诚信不欺。

六是不说恶话。话，挂在嘴边，闲话不能随意说，"恶言""恶语"的话更不能随意说，因为语言暴力伤害的是"心理"，是"内伤"，内伤比外伤更难治，这是一种不见血的伤害，具有很强的杀伤力。古人说："口为祸福之门。"自古以来，"祸从口出"不乏其例，轻则得罪人，重则惹来"风波"不断，甚至丢了生命。

《感应篇汇编》中有这样一则故事：

梁朝有一位到溉，他的祖父曾经挑粪谋生。等到到溉作了吏部尚书，有一次何敬容请他，他没有答应，何敬容就对人说："到溉还有一点余臭味，现在就学着一副贵人的架子。"到溉听了，很恨他。（何敬容依到溉的种姓过失嘲讽他，堂堂吏部尚书，听了有何反应呢？就是怀恨在心。人心普遍就是这样的报复心理，以恶口而结怨。）

到溉的弟弟到洽有一天问刘孝绰："我很想买东邻的地，可是地主不让，怎么办？"

刘孝绰说："只要多装几车粪堆在他家旁边叫他难受，他就搬了。"

到洽听了，很愤怒，后来以这件事把刘孝绰害了。

这是恶口的报应。刘孝绰的问题出在哪里呢？就是人格刻薄，诋毁嘲笑他人。一个人绘声绘色地冷嘲热讽，这会使人心的怒恨深入骨髓。以此为乐，必定会引起对方的怨恨，更何况把到洽的祖父曾经挑粪谋生的事翻出，揭人之短，无形之中招来杀身之祸。

《庄子·内篇·人间世》："夫言者，风波也"。一句恶口伤人的话，人与人之间就"风波"迭起。所以，学会"闭嘴"，也是人的一种修养。

闭嘴，不等于"不说话"，而是要"讷言"，《论语·里仁》里说"君子欲讷于言而敏于行"，意思是少说废话多干事。"讷言"，即忍而少言，谨慎而言，说话要三思而行，不要口无遮拦，信口开河。

恶语相向，或谩骂、或诋毁、或蔑视、或嘲笑、或揭短，在我们生活中不是少见，而是无时无处地发生着，有些人动不动拿人家说事，可能说的时候就在谈笑之间，自己都没有觉察到是在造恶。著名心理学家马歇尔·卢森堡在《非暴力沟通》一书中也说道："也许我们并不认为自己的谈话方式是暴力的，但语言，确实常常引发自己和他人的痛苦"。《增广贤文》以："良言一句三冬暖，恶语伤人六月寒"

来惕厉自己，实因口过之患、扬恶之害的杀伤力是巨大的，足以酿成滔天大祸，千万不可不慎！

拥有口才：打开交际大门的金钥匙

> 每个人都有一张嘴巴，嘴巴有两个功能，一是吃饭，二是说话。但是要想吃好饭，先要说好话！
>
> ——易书波

今天社会，伴随着市场经济的迅速发展，生活节奏越来越快，人与人之间的交往也越来越频繁，特别是职场的竞争，有的人"通则不痛"，一路直行，前无高山大河，有的人却"不痛难通"，一路荆棘，高山挡道，大河拦路。其中奥妙何在？这也许人各不同，原因有异。其实，人脉仿佛是一条看不见的经脉，"通则不痛"也好，"不痛难通"也罢，归根到底在"人缘"，有了"人缘"就有"交情""关系"和"路子"，否则虽"不痛"也"难通"，只能蜗牛般爬行。可见，要有竞争力，关键在于"人缘"，"人缘"不是先天的，是说出来的，能左右逢源的"说"，才拥有人缘的存折，取之不尽，用之不竭。所以说，会说话，好口才，其实是一种财富，一种惬意的生活。

拥有好口才，才能在没有硝烟的职场中游刃有余，才能在错综复杂的人际关系中独树一帜，才能在变幻无常的谈判桌上运筹帷幄……也就是说，好口才就是成就事业、成就人生的敲门砖。

话说"口才"。"口才"一词，最早见于两千多年前的周朝，《孔子家语·七十二弟子解》："宰予，字子我，鲁人，有口才著名。""口才"包括"口"与"才"两部分，"口"在甲骨文中，字形像人的口形，本义指口腔器官，嘴。与眼睛能看、耳朵能听、鼻子能闻相比，作为口腔器官的嘴巴功能最多，能吃能喝、能说能唱、能喊能叫，但尽管如此，主要指的是"吃"和"说"，可见"口才"中的"口"，不是指吃、喝、唱、喊、叫，而是指"说话"；"才"在商代甲骨文、西周的金文中，字形都像草木自地中钻出，本义指草木初生。《说文》："才，草木之初也。"引申指才质。《集韵·哈韵》："才，质也。"又指才能。汉·王充《论衡·实知》："人才有高下，知物由学，学之乃知，不问不识。"又指有才能的人。《礼记·文王世子》："必取贤敛才焉。""口才"，《现代汉语词典》解释为："说话的才能。"由此可见，"口"在这里并非指嘴巴，而是指"说话"，即"口头表达"。"口才"除了"口"之外，还有"才"，包括"眼看""耳听"之"才"，这是口才的核心。

口才是一个人内在实力的外在表现，一个具有卓越口才的人，不仅要高超的口语表达艺术，同时还要具有渊博的知识、敏捷的思维、出众的智慧、风趣的个性、清晰的思路、机敏的反应和良好的心理素质。

口语表达即说话，是我们日常与人沟通、交流的主要方式。"口才"就是在口语交际过程中，说话者根据特定的交际目的，结合不同的交际环境、不同的场合、不同的表达对象、不同的话题等，准确、得体、生动、巧妙、有效地运用连贯、标准的口语表达，并辅之以倾听、体态、判断、情感等的口语应对表达策略。它是掌握和运用口语表达的表达艺术和表达技巧的的一种才能，也是一个人的口语交际素质、能力和智慧在口语表达上的综合反映。这就是说，"口才"是口语交际的才能，"说话的才能"只是其中的一部分。

"口才"的力量。自古而今，有关中外名人口若悬河，能言善辩、应对自如的口才故事，数不胜数。

这是《晏子使楚》中的故事之一：

楚人以晏子短，为小门于大门之侧而延晏子。晏子不入，曰："使狗国者从狗门入。今臣使楚，不当从此门入。"傧者更道，从大门入。见楚王，王曰："齐无人耶？使子为使。"晏子对曰："齐之临淄三百闾，张袂成阴，挥汗成雨，比肩继踵而在，何为无人？"王曰："然则何为使子？"晏子对曰："齐命使，各有所主。其贤者使使贤主，不肖者使使不肖主。婴最不肖，故宜使楚矣。"

由狗洞推及到狗国，由贤明的人出使贤明的君主，无能的人出使无能的君主，推及到我最无能，所以出使楚国。外交无小事，尤其在牵涉到国格的时候，更是丝毫不可侵犯。晏子以"针尖对麦芒"的机智敏捷、能言善辩的口才，将计就计，以子之矛攻子之盾，维持了国格，也维护了个人的尊严。

2015年5月11日，卡梅伦成为了英国自19世纪以来历史上最年轻的首相。在竞选期间，卡梅伦到英格兰西南部一个学校去拉选票。当他将要离开时，一名年仅16岁的青年突然冲了上来，用生鸡蛋砸中了他的肩膀。结果卡梅伦一点也不介意，微笑着自嘲说："这是我的竞选第一'蛋'。"身边顿时一阵欢呼和掌声。其实，在中"蛋"之前，还有一名扮成公鸡的新闻记者经常尾随卡梅伦，妄图干扰他的竞选活动，他却始终保持克制。事后，他笑着跟别人说："是先有的鸡还是先有的蛋，我现在终于搞明白了这个千古难题——应该是先有的鸡，后有的蛋。"

扮成公鸡的新闻记者、朝他扔鸡蛋的青年，明显是对卡梅伦不满，想破坏他在选民中的形象。可没想到，由于卡梅伦机智幽默的语言，一下子俘获了更多年轻人的心。据调查，从此之后，他在英国年轻人中的支持率一下攀升到了58%。在欧美政坛，有一条通用的"潜规则"：一个具有幽默口才的政治人物往往更能获得选民的好感。

我们再来看英国两位首相的机智的故事：

其一：英国首相威尔逊，在一次演讲中，在刚刚进行到一半时，台下突然有个捣蛋分子高声打断了他："狗屎！垃圾！"威尔逊虽然受到了干扰，但他急中生智，不慌不忙地说："这位先生，请稍安勿躁，我马上就会讲到你所提出的关于环保的问题。"

其二：英国首相丘吉尔在公开场合演讲，从台下递上一张纸条，上面只写了两个字"笨蛋"。丘吉尔知道台下有反对他的人等着看他出丑，便神色从容地对大家说："刚才我收到一封信，可惜写信人只记得署名，忘了写内容。"

威尔逊和丘吉尔不同的幽默，却有相同的智慧，面对他人的攻击，前者沉稳应事，增加了自己言语的含金量，后者则急中生智，把皮球从哪里来，踢回哪里去。掌握情绪，才能掌握未来，给对方致命一击，这是我们需要学习的。

怎样才算口才好。无论是生活中还是职场上，人与人之间的沟通、交流，往往是很敏感的。善于说话的人，左右逢源，一句话可以皆大欢喜，不善于说话的人，左右为难，一句话可能麻烦缠身。人与人之间的交往，就是这样琢磨不透，一句话既能给人带来美滋滋的心理感受，也能给人带来挥之不弃的沮丧与烦恼。

怎样才算有口才、口才好，有人认为很简单，"会说话"就是有口才、口才好，其实并非如此，也没那么简单。

春秋战国时期，有一个"烛之武退秦师"的历史故事，说的是秦晋联军要攻打郑国，郑国一筹莫展，武将不敢出兵，文臣无计可施，郑王不得不请老将烛之武出马，亲赴秦国。他对秦军将领动之以情、晓之以理、痛陈唇亡齿寒的利弊，最终说服了秦军将领退兵，并派兵协助保卫郑国，晋国无奈，只好退兵。

不费一兵一卒，烛之武说退了秦师，靠的不单是"说话的才能"，还有"眼看"的利弊分析，"耳听"的分析判断和应对策略。无怪乎！刘思勰在其名著《文心雕龙》里有"一人之辨""三寸之舌"以彰显"口才"智慧的力量的慨叹。

中央电视台《对话》节目《全球大调查问卷》中，有这样一个问题："您认为在未来的十年中最有竞争力、最希望成功的人应具备哪些素质？"令人惊奇的是，有26位商界巨子无一例外地选择了交际能力、交流能力、公关能力等与口才密切相关的词汇。20世纪40年代，美国人认为"口才、金钱、原子弹"是在世界上生存和发展的三大法宝。六十年代以后，又把"口才、金钱、电脑"看成是最有力量的三大法宝。"口才"一直独冠三大法宝之首。由此看来，一个人在融入社会时，"口才"越来越显示其独特的优势。

口才是口语交际中一个人的一种综合素质和综合能力，不单指"说话的才能"，还包括观言察色、倾听认知、判断应对等多项才能。它是人的素质、能力和智慧在口语表达上的综合反映。具体说来，一个人是否具有良好的口才，可从以下几个方面来衡量。

一是必须具有高超的口头表达能力，即能熟练运用语言技巧，并具备灵活机智的应变能力。口头表达是人与之间在沟通、交流过程中用来表达自己的思想、感情的，主要用语言来影响听者，以达到与人交际的意图和目的。"口头表达"即用口说话，口头表达能力不能仅仅满足于用口说话，要善于运用表达的技巧来沟通、交流，同时还要做一个善于倾听的人，因为沟通、交流，不是单向的演讲口才，而是双向的交谈口才，"说"是一种沟通、交流的方式、"听"同样也是。口头表达能力，究其实质是说话和听话的能力，是一种把自己"听"来的感觉正确传递给他人的能力。听话，要听出弦外之音，话外之意，领会说话人的观点和意图，做出相应的得体的回答。一个人的思想、情感是说出来的，而一个人的机智在很大的程度上是听出来的。"说者无意，听者有心"，其实这句话可贬可褒，不要老往贬处想。"听君一席话，胜读十年书"，是最好的注脚。只有"听"，才能有较高的领悟能力，即理解和接受对方的意图和目的，才有自己的灵活机智，才有应变的表达技巧和能力。

二是必须具有明确的对象意识和清醒的语境意识，即说话要有因人而异，因场合而异的意识，话随境迁。

有口才，口才好，不仅仅是有话可说，说得清楚、得体，动听，并使人乐意接受，更重要的是说话要看场合、看对象、辨时机，针对不同的实际情况选择不同的说话技巧，这样才算是恰当得体，才能达到"一两拨千斤"的作用。

美国总统威尔逊在担任纽泽西州的州长时，他的一个好朋友，也就是纽泽西州的财政部长去世了。

当威尔逊还沉浸在悲痛的情绪中，正准备去参加葬礼时，忽然电话铃响了，原来是一位政界人士打来的。

"州长，"那人急切地说，"请让我接替财政部长的位置。"

威尔逊对此人迫不及待地索讨官位，完全不顾死者的尊严，感到极为不舒服，但他强压住心中的怒火，平静地说：

"好吧！财政部长目前在殡仪馆，我会通知殡仪馆的，你赶快做好准备。

显然，纽泽西州的财政部长的去世，这是一个特殊时间节点，打电话给美国总统的那位政界人士，不仅没有看对象、辨时机，反而没有任何的变通，直来直去，既让人觉得对死者没有任何的尊重，又出乖露丑，令人生厌，美国总统明白易懂的幽默，其结果也就不言自明了。

无论在哪个国家，也无论在哪种场合，自古至今，人的地位等级观念总是随影而行。在不同的场合，面对不同身份的人，说话的语气、方式以及办事的方法要随机应变，如果不根据时空和条件变化进行变通，那么即使话说得再好，也很难创造出一种和谐、融洽的气氛。说话注意对象和场合，既是一种必备的社交技巧，也是一种个人应修炼的素养。

一句话能成事，一句话也能败事。民间流传着一个朱元璋的故事，恰好印证了这一道理。明朝开国皇帝朱元璋称帝后，曾经一起长大的一些穷朋友，都想跟他沾点光，弄个一官半职，过过荣华富贵生活。有两个从前的穷朋友来见他，因说的话不一样，命运也各不相同。

一个见到朱元璋后，说："我主万岁！皇上还记得吗，从前你和我都替财主放牛，有一天我在芦花荡里，把偷来的青豆放在瓦罐里煮，没等煮熟，大家就抢着吃。你把罐子都打烂了，撒了满地的青豆，汤都泼在地上了。你只顾从地上抓豆吃，不小心把草叶送进嘴里，卡住了喉咙，还是我的主意，叫你把青菜叶吞下，才把卡在喉头的草叶咽进肚里去。"

朱元璋听了他的述说，把脸一沉，厉声喝道："哪来的疯子，给我推出去斩了！"

另一个见到朱元璋后，说："皇上还记得吗？当年微臣随着你大驾，骑着青牛去扫荡芦州府，打破了罐州城，汤元帅在逃，你却捉住了豆将军，红孩儿挡在了咽喉之地，多亏菜将军击退了他。那次战斗我们大获全胜。"朱元璋立即封这位昔日穷朋友为御林军总管。

故事不长，告诉我们的道理却很深刻。从故事来看，两人说的都是同一件事，内容完全相同，而前者不看场合，本是避讳的糗事，却随心所欲，平白直述，在百官面前揭了朱元璋的短，使之大失颜面，惹怒龙颜，终招杀身之祸，而后者却用一种天知地知，你知我知的委婉话语来表达，朱元璋听了，彼此心照不宣，而众臣听了，完全是在描述朱元璋当年金戈铁马的戎马生涯，自然讨得朱元璋欢心。所以两种说法，话说得不一样，效果也就天壤之别了。

三是必须具有风趣幽默的说话风格，学会风趣幽默的背后，化紧张为轻松，化尴尬为自然，化干戈为玉帛。

风趣幽默是一种生活态度，更是一个人学识、才华的显露，一个人智慧、机智的闪光，一个人思想、性格和气质的集中反映。

风趣幽默，是人与人交际、处事的最佳境界，一个人能随时随地不知不觉而又非常自然地表现出幽默感，必然大受各方人士欢迎。古今中外，概莫能外。

风趣幽默源于生活，是一种沟通、交流的调味品。1979年1月，邓小平同志访问美国。当时的美国总统卡特和夫人在华盛顿举行盛大国宴，欢迎邓小平和夫人。与卡特夫妇和邓小平夫妇同桌坐的，有哈佛大学的中国问题专家费正清。费正清问邓小平："贵庚？"邓小平回答："72岁。"费正清说："我今年74岁。"邓小平说："但你仍满头乌发，而我早已秃头了。""这证明你脑筋用得太多了。"两人机智地对答，幽默风趣，其乐融融。

风趣幽默是一种打破常规的交流方式，或拟人拟物，或巧比妙喻，使谈话既生动又形象，并且自然得体。1950年代初，有一次，周总理在中南海勤政殿设宴招待外宾。这时上来一道汤菜，汤里的各种蔬菜都雕刻成不同的图案，真正是色香味俱佳。然而，冬笋片在汤里一翻身，恰巧变成了法西斯的标志，外宾见此大惊失色，忙向周总理请教，这是何意？周总理也感到十分突然。但他随即泰然自若地解释道："这不是法西斯的标志，这是我们中国传统中的一种图案，念'万'，象征福寿绵长的意思，是对客人的良好祝愿。"

接着他又风趣地说："就算是法西斯标志，也没什么关系嘛，我们大家一起来消灭法西斯，把它吃掉！"话音未落，宾主哈哈大笑，气氛更加热烈，这道汤也被客人们喝得精光。

这充分体现了周总理的机智幽默，妙语解难，巧妙化解外宾的不解和讥讽，这不仅维护了东道主和国家的尊严，还宣传了中华民族的传统文明。这是讽喻，用富有机智和幽默情趣并寄寓深刻哲理的急智应对。

恩格斯说："幽默是具有智慧、教养和道德上优越的表现。"这也就是说，幽默是拥有智慧的一种特有的情感表达。

一位心理学家说过："幽默是一种最有趣、最有感染力、最具有普遍意义的传递艺术。"在人际交往中，风趣幽默的谈吐，它的巧妙之处在于用曲折、含蓄的方式表达感情和想法，往往三言两语，就妙趣横生，不仅能使人忍俊不禁，而且也能使交际的气氛轻松、融洽，拉近人与人之间的距离。可以使愁眉苦脸者笑逐颜开，也可以使泪水盈眶者破涕为笑；可以使尴尬者不再那么难堪，也可以使受挫者找回自信。

生活是有底线的，幽默也不例外。因此，我们每个人，都要把握有张有弛的风趣幽默，用自己的理智战胜幽默的"盲区"，千万不要用一些恶俗的大尺度段子博取眼球，这样的幽默即使有听众，但往往因过于"刺激"而成为一种恶搞，要知道，社会的发展方向总是朝着正能量和三观正的方向去的，所以记得幽默不是指桑骂槐，不是挖苦、讽刺，张弛有度，不说令人讨厌的话，这才是风趣而幽默的表达方式。

第一章
体态语表达

第一节　概述

在口语艺术中，无论是演讲，还是论辩、谈判、朗诵，都是一种高级的口语表达形式。所有这些涉及口才表达的活动，除了借助言语表达思想、交流感情和传达信息外，人们还可以运用体态语来表情达意。体态语传递信息的因素很多，有面部表情、形体语言和服饰打扮等。让更多发声之外的手段起到很好的作用是口才表达者必须做到的。

一、体态语技能的构成

体态语，是指在交流中运用身体的变化，如表情、动作、体姿、身体空间距离等作为传递信息、交流思想感情的辅助工具的非语言符号。它是非语言符号系统中的一个重要组成部分，包括表情、走路姿势、站立姿势以及手势等，它具有将有声语言形象化、生动化的效果。在日常的交际过程中，体态语是一种"无言交际"，是有声语言的补充与完善，同样也具有明确的含义和表达功能，它能起到有声语言难以达到的表达效果，即"此时无声胜有声"。

美国心理学家艾帕尔说："人的感情表达由三个方面组成：55%的体态，38%的声调及7%的语气词。"在演讲活动中，有声语言作用于听觉，体态语作用于人的视觉，两者必须紧密配合，协调运用，才能声形并茂，体现演讲者风度，活跃演讲气氛，使演讲的表达效果达到完美的程度。可以说，一次没有体态语的演讲就不是一次真正意义上的演讲。

体态语技能的构成，包括如下内容：

（一）表情

面部表情是心灵的屏幕，是最集中表现演讲者情感的体态语。面部的表情可分为两种：

1. 常态表情，表现为庄重大方、和蔼可亲、从容自信、亲切热情。在演讲中这种表情自然真实，能给听众形成良好的心理态势，创设和谐轻松的交际环境和交流氛围。

2. 随机而变的表情，表现为与演讲进程同步，它以最灵敏的特点，随演讲内容的变化而变化，把具有各种复杂变化的内心世界，如悲哀、痛苦、焦虑、烦恼、疑惑、不满等思想感情充分表现出来。

眼睛是"心灵的窗户"，能准确、生动地表达出复杂微妙的思想感情。眼神是表情的核心。演讲者的目光眼神要自然、从容，要有神采，富于变化，这样才能表现出信心和活力，才能使口语表达更加生动传神。

（二）姿态

俗话说"站有站相，坐有坐姿"，一个人的站姿和坐姿，要有一定的规范，尤其在公共场合，不可随意，走姿也同样如此，

演讲者的姿态，包括站姿、坐姿与行姿。站姿是演讲者站的基本姿态，要求体形端庄自然，不呆板也不要太松懈；坐姿是演讲者坐的基本姿态，要求入座时，要轻而稳，不要给人不稳重的感觉，同时坐姿要大方、端庄、自然。肩部放松，腰背挺直；行姿是指演讲者在台上走动的姿态。在讲台上适当的走动，有利于打破沉闷与单调的氛围，离开讲台，走进观众，有利于缩短演讲者和观众之间的距离，显得更为亲切。

（三）手势

手势是体态语最重要的表达方式，它有极强的、极广泛的表达力。从手势的功能来看，手势的表达可分为四种类型，即：象形手势，这类手势主要用来临摹事物或人物的形貌，能使自己所表述的内容更形象、更生动，给听众一种形象化的感觉；指示手势，这类手势是用手势指示具体对象，它有显示听众视觉使之看到可及范围内真实的实物和方向的作用。如说到序数时，可以出示相应手指，给听众以实感；象征手势，这种手势主要用来象征某种意义，往往具有特定的内涵表达对事物的态度。虽然手势含义比较抽象，但与口语恰当配合，容易激发听众情感，引发心理共鸣。例如，"V"形手势和"OK"手势，前者伸出食指和中指，其余的手指握住，表示"胜利、YES"等意思，后者大拇指和食指摆成一个圈，而另外三根手指伸直，表示"好、肯定"意思。除此之外，大拇指向上，把其它手指握起来，表示"好棒、厉害、了不起"等意思。反之，大拇指朝下，则表示"无法接受、对方输了"等意

思，而把其他手指握住，伸出并摇动食指，则表示"否定、不赞同、不满意"等意思；情意手势，这种手势主要是用来表达演讲者喜、怒、哀、乐的强烈的情感的。例如：讲到孟晚舟事件时，演讲者双手握拳，不断颤抖；讲到孟晚舟事件的成功解决时，演讲者充满自信，脸上流露出骄傲的神情。情意手势既能渲染气氛，又助于情感的传达，在演讲中使用的频率最高。

手势语的活动范围，一般分为上、中、下三个区域。0

上区，在肩部以上，表达理想、希望、喜悦等意义。

中区，在肩部至腰部之间，表达坦诚、平静、和气等中性意义，一般不带情感色彩。

下区，在腰部以下，表达憎恶、鄙夷、不悦、反对、批判、失望等情感。

同时，手势语还有单式、复式之分。单式，即单手手势；复式，即双手手势。在演讲中，这两种手势的选择，要根据具体的演讲内容、情感的强弱来取舍。也就是说，要根据内容和情感表达需要，以及场合和对象的需要，不可不动，也不可乱动，因为不动则已，动则传情，这是有讲究的。

（四）服饰

作为一种文化现象，在正式演讲的场合，服饰给听众留下非常深刻的印象。演讲是一种展示，演讲者登台时，首先展示给听众的是自己的仪表着装。因为服饰直接参与演讲者的视觉形象塑造，其穿着打扮在很大程度上体现了演讲者的思想、个性、气质、文化修养和艺术品位。在什么场合演讲穿什么衣服，服饰传递的语言信息是否得体，既是礼仪，也是修养，直接影响演讲的成功与否，演讲者所释放出的无声语言系统，在演讲过程中的作用不容小觑。因此，演讲者的服饰是有讲究的。

1. 凸显演讲者的个性

这里所说的个性，不是演讲作为自然人的个性，其服饰个性要兼顾演讲的场合、主题、对象的特征，将服饰的选择与演讲的内容、对象有机地融合，通过服饰的个性凸显演讲的个性。如演讲的对象是青年学生，服饰要青春靓丽，生动活泼，充满活力；演讲的对象是中老人，服饰要朴素大方，端庄大气。如果演讲者是学生、教师，可以穿校服；是公安、交警、税务的，可以穿制服。总之，服饰可因年龄、职业等而异，但有一点必须强调，务必要根据演讲内容的定位、特点、环境等做相应的调整或设计，如护士"白衣天使"、老人"寿星"等的形象。

2. 突出演讲者协调的美感

演讲者的言谈举止能给听众留下美好、深刻的印象，而服饰打扮之美同样也是如此，它给人美好、深刻的印象首先是协调之美，这是演讲成功的关键外在因素。

（1）服饰的协调之美，整体上的要求是"称体、入时、从俗"。所谓"称体"，就是要求身材、体形比例与服饰打扮互相协调，服饰的色彩、式样、比例要与人体本身的尺寸相适宜，把色彩和人体融为一体。所谓"入时"，就是要求服饰的色彩、式样面料要与自然界的变化一致，保持与自然界的协调和谐。所谓"从俗"，就是要求服饰要与社会生活环境、民情习俗保持协调一致。

（2）服饰与演讲内容的协调之美，要求根据不同演讲内容选择不同的服饰式样、颜色，即服饰式样、颜色要与演讲内容的特点以及演讲者思想感情的表达保持协调一致。从色彩学的角度看，色彩有冷色、暖色之分，不同的色彩有不同的心理学意义，在人们的思维中已经形成牢固的观念。因此，在喜庆、庄重、哀痛等不同的场合，服饰的颜色是有区别的。

3．彰显与时俱进的特点

服饰作为一种文化现象，和其它文化现象一样，也是随着时代的变化而与时俱进。服饰是社会发展的一种文化符号，是演讲者用来传情表意的一种方式，本质上要与其职业、身份、年龄、性格、气质和精神相协调，因而形成丰富而独特的服饰审美特点。社会是发展的，服饰文化这个符号也是不断发展的。从这个意义上说，服饰的选择必须彰显与时俱进的特点，也就成为演讲者的必然选择。

（五）界域

界域是美国哲学家 S.A. 萨尔瓦多 1985 年提出的一项理论，用于解决空间与时间、虚与实、真与假（悖论）等著名哲学疑难问题。借用这一概念说明演讲的体态语，即界域语，它指的是交流过程中的空间位置、人际距离、运作范围和时间与空间的组织等，它是交际双方通过距离的差异来沟通情感、传递信息的体态语言。

演讲的交际活动总是要在一定的时空当中进行，当然离不开一定的时间背景、环境场所、人与人或与物（如话筒、灯光、镜头）之间的距离和运作范围。界域语运用于演讲，可定义为大众界域语，即演讲者和听众距离空间较大，演讲者在台上，而听众在台下，这就表明演讲者和听众进行口语交流的不可能性和现实性，但它可以通过中间停顿留置时间来完成，如提问、交流等。

二、体态语的作用

体态语对演讲者和对听众具有不同的作用。对演讲者来说，有振奋、镇定、提示和辅助传情达意的作用；对听众来说，有启发、演示、感染、说明、吸引等作用。比如一个微笑，它既是演讲者向听众表达善意的信息，同时也起到镇定自我的作用。它传达给听众的信息是：演讲者是平易近人的。这无疑加强了听众对演讲者的信任感，"自己人"的感觉油然而生。这就是微笑对听众的感染和吸引。具体来说，体态语有以下几个作用。

（一）辅助有声语言

演讲，从字义上理解，"讲"指语言表达，"演"指体态语运用技巧。也就是说，语言是演讲的主要手段，而技巧是辅助手段。这里所说的"辅助手段"，指的就是体态语。

演讲中的"演"作为辅助性手段，其作用主要表现在如下几个方面：

1. 明确言语所指，即把有声语言不便说的意思表达出来，帮助表达未尽之意。例如：

罗贯中《三国演义》："操以手指玄德，后自指，曰：'今天下英雄，惟使君与操耳！'"

显然，曹操的手指语是来明确对象的，对有声语言起着一种补充、强调的作用，说者和听者心知肚明。正如古罗马的政治家西塞罗所说的那样："一切心理活动都伴有指手画脚等动作，双目传神的面部表情尤其丰富，手势恰如人体的一种语言，这种手势甚至连最野蛮的人都能理解。"

2. 加强、补充信息的语义分量，对有声语言起着一种丰富、强调的作用。例如：

开会时，领导讲话总是把内容归纳为一、二、三、四或甲、乙、丙、丁，并且边讲边用右手扳着左手指，一个一个地数，其手势语伴随话语，对话语起补充说明，强调或确定话语所要表达内容包括那几个方面，使语言的表达更加明确，信息量增大，给听众以实感，让人明白其中的意思。

3. 有效显示言语的心理内涵，增强言语的情感。例如：

1919年俄国爆发十月革命，当起义的工人、士兵攻下冬宫之后，列宁快步登上讲台。他面向台下群众，就像大乐队的指挥，身势稍向前倾，右手掌向前果断有力地推出。沸腾的冬宫顿时鸦雀无声，列宁震荡环宇的声音开始传向世界……列宁的这一手势，使人民群众看到了前进的方向，感受到了巨大的力量。

4. 铺垫、渲染语言的表达效果。

在一些特定的场合，体态语完全可以不依附于有声语言而独立传情达意，表达思想感情，或表达特定含义，在很大程度上起到"此时无声胜有声"的作用。

纵观闻一多的《最后一次演讲》，可谓感情强烈，慷慨激昂，其情感以"拍案而起，横眉怒对"的肢体语言表达和发泄，可以说每个字、每个句子都在表达一种感情，一种思想。

（二）塑造良好形象，展示人格魅力

形象，指的都是美好的仪表举止、姿态，即能引起人的思想或感情活动的具体形态或姿态。演讲者登场时要大方自然，亮相得体，而后环视全场，面向

听众微笑示意，这些举止给听众留下亲切、真诚、老练、潇洒的第一印象。演讲的第一印象，往往是演讲者还未开口，就已经通过体态语的表达，深刻地印在听众的脑子里。这就是说，演讲要充分展示自己的气质、风度，光靠有声语言的表达显然是不够的，还需要作为无声语言的体态语加以表现，这样才能征服听众。

从容、流利、幽默、机智的谈吐，加上面对公众讲话的气质、风度，良好的体态语无形中形成一种独特的风格和形象，在某种程度上展示了人格魅力，给人一种美学涵养的享受。

（三）调控听众情绪，营造演讲氛围

在日常的交际生活中，体态语的表达具有相当大的随意性。例如，偶遇熟人或同学，面部会很自然地露出笑容或伸手互握，以示"好久不见"因偶遇的一种亲切感等，这是兴之所至，随意为之。但演讲不一样，演讲者始终处于听众视线的聚焦之下，一举一动、一颦一笑，无不影响着听众的情绪，给听众带来或积极或消极的影响。因此，演讲者体态语对听众而言，具有一种"调控性"特点，即"控场"。这是因为：

演讲是一种信息传递活动，这种信息传递是演讲者与听众双向交流的过程，说与听，是信息传播的两个终端。演讲者与听众构成交流双方，其特殊的主体身份和信息的交流与传递，要求演讲者必须与听众的交流过程保持默契，这就要求演讲者随时观察听众的反应，判断听众的情绪，掌握听众的心理，根据实际情况灵活驾驭现场，有意识地通过体态、手势、表情、眼神等手段传递信息，调控听众情绪，促使听众参与，营造演讲氛围。例如：

英国首相威尔逊在一次群众集会上发表演讲时，反对派在听众中搞"反宣传"，有个人高声大骂："狗屁！垃圾！"这显然是在骂威尔逊的演讲一派胡言。虽然受到了干扰，但他非常沉稳，对此报以宽厚的微笑，然后严肃举起双手表示赞同，不慌不忙地说："这位先生说得好，这个问题十分重要，我们一会儿就要讨论你特别感兴趣的肮脏的问题。"捣乱分子顿时哑口无言，听众则报以热烈的掌声。

威尔逊在演讲过程中，遇到台下的责难，他沉稳应对，及时调整言语表达的策略，先是报以宽厚的微笑，而后严肃举起双手表示赞同，恰当地运用面部表情和手势语，踢皮球似的把不怀好意的挑衅踢给了挑衅者，掌控和调节听众的情感状态，引起听众进行情感自控，使听众在获得声音感受的同时，获得形象上的感受。

第二节 面部表情

法国作家罗曼·罗兰曾说过："面部表情是多少世纪培养成功的语言，是比嘴里讲的更复杂到千百倍的语言。"

一、面部表情的含义

面部包括眼神、眉目、脸部、口唇等。面部表情主要是指演讲者通过自己的脸、嘴和眉目所表达出来的感情。脸部是情感的晴雨表，听众可以由脸部表情读懂演讲者的情感世界。例如：嘴角下撇表示伤心，嘴角上扬表示高兴，撅起嘴巴表示委屈，张口结舌表示惊讶，咬牙切齿表示仇恨，咬住下唇表示忍耐……

二、面部表情的作用

丰富的面部表情背后表现着复杂的思想情绪。演讲者应善于通过自己的面部表情，把自己的内心情感灵敏、鲜明、恰当地显示出来，与听众构筑起交流思想感情的桥梁。面部表情自然，才会使演讲动人真挚。同时，面部表情还应随着演讲内容和演讲者的情绪发展而变化，这样会使演讲充满真情，更能打动听众的心。

三、面部表情的解读

我们要了解面部各部分的表情所代表的意义，才能有目的地练习，在演讲时才能更好地配合有声语言。眼睛的睁与眯，眼角的翘与垂，眉的展与皱，嘴角的上与下，鼻头的收与张，面部肌肉的松与紧都表达了不同的思绪和感情。

（一）眼睛

眼睛通常是情感的第一个自发表达者，透过眼睛可以看出一个人是欢乐还是忧伤，是烦恼还是悠闲，是厌恶还是喜欢。从眼神中有时可以判断一个人的心是坦然还是心虚，是诚恳还是伪善：正眼视人，显得坦诚；躲避视线，显得心虚；乜斜着眼，显得轻佻。

（二）眉

眉间的肌肉皱纹能够表达人的情感变化。柳眉倒竖表示愤怒，横眉冷对表示敌意，挤眉弄眼表示戏谑，低眉顺眼表示顺从，扬眉吐气表示畅快，眉头舒展表示宽慰，喜上眉梢表示愉悦。

（三）嘴

嘴部表情主要体现在口形变化上。伤心时嘴角下撇，欢快时嘴角提升，委屈时撅起嘴巴，惊讶时张口结舌，忿恨时咬牙切齿，忍耐痛苦时咬住下唇。

（四）鼻

（此处是否少一句）厌恶时耸起鼻子，轻蔑时嗤之以鼻，愤怒时鼻孔张大，鼻翕抖动；紧张时鼻腔收缩，屏息敛气。

（五）面部肌肉

面部肌肉松弛表明心情愉快、轻松、舒畅，肌肉紧张表明痛苦、严峻、严肃。

一般来说，面部各个器官是一个有机整体，协调一致地表达出同一种情感。当人感到尴尬、有难言之隐或想有所掩饰时，五官将出现复杂而不和谐的表情。

四、眼神的传达

听众看演讲者的表情，首先是看他的眼睛。心理学研究表明，在人的各种感觉器官可获得的信息总量中，眼睛要占百分之七十以上，人内心的隐秘，胸中的奔突，情感的起伏，总是自觉不自觉地在不断变幻的眼神中流露出来，它犹如一面聚焦镜，凝聚着一个人的神韵气质。

第三节 形体语言

一、形体语言的含义

所谓"形体语言"，是指在一些特定场合，交际者不用口头语言或书面语言，而是通过身体的某种动作来表情达意的一种交际手段。例如：走姿、站姿、手势、鞠躬。一场公众演讲中运用这些形体语言，可以让自己的演讲更加的出彩。

二、形体语言的作用

（一）提升演讲者魅力

为什么有的演讲者在舞台上神采奕奕、魅力非凡，为什么有的演讲者就毫无生趣？这就是舞台魅力。优雅的举止、睿智的谈吐都是产生魅力的重要因素。塑造良好的形象，核心就是形体语言。

（二）演讲更有感染力

有些内容，仅仅依靠语言文字和声音是没办法传递的。比如在开场的时候，演讲者沉稳的表情和坚定的眼神可以树立权威和影响力，比任何语言更具有力量和感染力。

（三）有利于控场

演讲者的影响力越大，控场效果就越好。而产生影响力最重要的就是声音和眼神，尤其是眼神。眼神是人的精神力的体现，眼神到的地方就是你影响力到的地方，影响力到的地方就是你控制力到的地方。

三、演讲的姿态

（一）站姿

演讲者的体态、风貌、举止、表情都应给听众以协调的美感，从语言、神态、气质、感情、气魄等方面充分地表现出演讲者的特点。

演讲时一般采用站姿。演讲者站姿规范如下：挺胸，收腹，气下沉；两肩放松，重心主要支撑于脚掌脚弓上；脊椎、后背挺直，胸略向前上方挺起；腿绷直，稳定重心位置。

演讲站姿有前进式、稍息式、自然式、立正式、丁字式等。这里主要介绍以下几种。

1. 前进式

前进式是演讲者使用最多且最灵活的一种站姿。要求右脚在前，左脚在后，前脚脚尖指向正前方或稍向外侧斜，两脚延长线的夹角约 45°，两脚脚跟距离约 15cm。这种姿势没有固定的重心，可以随着上身的活动在前后脚上转移。另外，前进式站姿的手势动作灵活多变，可前可后，可左可右，以表达不同的感情。

2. 稍息式

稍息式要求一只脚自然站立，另一只脚向前迈出半步，两脚脚跟相距约 12cm，两脚之间约成 75° 夹角。这种姿势的重心总是落在后脚上。一般适于长时间的站立演讲，中途可更换姿势，使身体在短时间内得到松弛和休息。需要注意的是，这种姿势不宜长时间单独使用，会给人一种不严肃之感。

3. 自然式

自然式要求两脚自然分开，平行相距与肩同宽，约 20cm 为宜。

（二）坐姿

一些篇幅较长的演讲可采用坐式。坐姿要文雅、大方，落座时要轻盈、和缓，切忌急急忙忙、人未站稳就重重地坐下。落座后要保持上身正直、头平稳，两腿微曲并拢，两脚并起或稍前后分开，切忌肩膀歪斜、半躺半坐、两手交叉在胸前、翘二郎腿或后勾脚等不良姿势。

（三）演讲的手势

演讲的手势大致可分为以下四类。

1. 指示手势

指示手势是指用手势指示具体真实的形象，可分为实指和虚指两大类。实指是指演讲者确指在场的人或方向，且均在听众的视线内，如"我""你们""这边""上面""这些""这一个"等。虚指是指演者和听众不能看到的，如"在很久很久以前""在遥远的地方""他的""那时""后面"等。指示手势比较明了，不带感情色彩，比较容易操作。

2. 模拟手势

模拟手势是指用手势描述形状，其特点是"求神似，不求形似"。例如，用双手托举，把压力虚拟成一个"大山"，表达出真情实意。模拟手势信息含量大，能够升华感情，有一定的夸张色彩。

3. 抒情手势

抒情手势是一种表达强烈感情的手势，在演讲中运用频率最多。常用的抒情手势有：兴奋时拍手称快、恼怒时挥舞拳头、急躁时双手相搓、果断时猛力砍下等。

4. 习惯手势

任何一位演讲者都有一些只有自己才有而别人没有的习惯性手势，且手势的含义不明确、不固定，会因演讲内容的不同而体现不同的含义。

综上所述，演讲手势贵在自然，切忌做作；贵在协调，切忌脱节；贵在精简，切忌泛滥；贵在变化，切忌死板；贵在通盘考虑，切忌前紧后松或前松后紧。

（四）鞠躬礼

演讲前后演讲者都应做好鞠躬礼，这是演讲者的基本礼节。演讲前和结束后行鞠躬礼时，先站立好，双目注视观众，面带微笑，然后上身向下倾斜不超过45度，视线随之自然下垂。鞠躬礼仪不经提醒，都会被忽略，每天刻意练习鞠躬，真正上场的时候才能水到渠成。

第四节　服饰及演讲礼仪

一、服饰

对于大多数演讲活动来说，演讲者的穿戴只要干净、大方、整洁就可以了，就能够达到一个演讲者的服饰标准，能够使听众或者观众接受。但是，要严格要求演讲者的服饰标准，就有很多需要注意的地方。演讲者在演讲时须穿正装。正装，顾名思义就是正式场合穿的衣服。传统的正装有西装、中山装、套裙正装。通常来说，演讲的穿戴有以下原则：

（一）三色原则

三色原则简单说来，就是身上的色系不应超过3种，很接近的色彩视为同一种。颜色太多会给人一种花里胡哨的感觉。

（二）有领原则

有领原则说的是正装必须是有领的，无领的服装，比如T恤，运动衫一类不能成为正装。男士正装中的领通常体现为有领衬衫。

（三）钮扣原则

正装应当是带有钮扣式的服装，拉链服装通常不能称为正装，某些比较庄重的夹克事实上也不能成为正装。

（四）皮带原则

男士的长裤必须是系皮带的，通过弹性松紧穿着的运动裤不能成为正装，牛仔裤自然也不算。

（五）皮鞋原则

没有皮鞋的正装绝对算不上正装，运动鞋和布鞋、拖鞋是不能成为正装的。最为经典的正装皮鞋是系带的，不过随着潮流的改变，方便实用的懒式无带皮鞋也逐渐成为主流。

女式正装最常见的就是西服套裙了，与之搭配的衬衫、内衣、鞋子、袜子等颜色不能太艳丽。比如内衣不能颜色过于显眼，鞋子不能选用大红大紫之类的，在正式场合建议女士不要穿凉鞋或者露趾的鞋，如果穿高跟鞋，鞋跟高度3到4厘米为最宜。

二、演讲礼仪

演讲者在讲话过程中要有较为严格的服饰要求,有经过训练的体态语。除此之外,演讲礼仪也会影响听众的感受,演讲礼仪一般指发声开始之前和发声结束之后的表现。这些表现向听众传递着这样的信息:演讲者是否老练,演讲内容是否可信,演讲者能不能给自己更多的美感等等。礼仪是演讲者整体形象和演讲成功的重要部分。

(一)步入演讲场地

演讲者要态度谦和,脚步稳健,大方自如,不论听众是否在注意你,都要面带微笑,用眼神和听众进行友好的交流。切忌左顾右盼或装腔作势,也不宜忸怩畏缩,有失身份。

(二)就座前后

当演讲者与随同者走到座位前时,不应马上坐下,而是要以尊敬的态度主动请大会主席或陪同人员入座,对方肯定会礼貌地恳请演讲者入座,这时双方稍事相让,但不宜过多推让,即可落座。入座时声音要轻,要坐正、坐稳,身体不宜后倾或斜躺,不宜前探后望,不要和台上台下的熟人打招呼,也不要玩弄手指、衣角等。坐下后,如大会主席和听众以掌声向演讲者表示感谢,应立即起立,面向听众,点头敬礼或鞠躬以示回谢。切不可流露出敷衍了事或得意忘形的神态。

(三)介绍之时

当主持人介绍演讲者时,演讲者应自然起立,向主持人点头致意,并向听众呈一定角度鞠躬,或点头微笑,以表示感激之意,切不可稳坐不动或仅仅欠一下身子。

(四)登上讲台

正式登台演讲时,先向主持人点头致谢,然后从容稳健、充满自信、精神饱满、面向前方地走上讲台,在话筒旁或话筒后面对听众站立,然后郑重地向听众鞠躬或敬礼。鞠躬的角度一般不要超过45度,除腰部下弯外,其他部位不动。除严肃的场合,演讲者都应面露微笑,并用目光环视全场,表示友好地打招呼。站稳后不要急于开口,而是要深吸一口气后,再开始演讲。

(五)走下讲台

演讲结束,说"谢谢!"或"我的演讲结束了,谢谢大家!"的同时,应面带微笑。然后向听众鞠躬或敬礼,再向主持人致意一下后,从容不迫面朝前方地走回原座。下台时切不可过于匆忙,显出羞怯失意之神态,也不可摆出洋洋得意、满不在乎的样子。

（六）离开演讲场地

演讲结束后，主持人或单位负责人陪同演讲者走出会场时，听众常常会出于礼节而鼓掌欢送。这时，演讲者更应谦逊谨慎，面带微笑，自然、得体地用鼓掌或招手和频频点头的方式，向听众表示诚挚的谢意，直至走出会场为止。切忌心不在焉，无动于衷。

总之，演讲活动是一种高层次的社交活动，演讲者一定要全面了解和掌握礼仪要求，时时处处注意自己的一言一行、一举一动，要给人一种谦虚谨慎、彬彬有礼、大方自如的印象，这样才不会因为缺乏风度和礼仪而影响演讲的整体效果。

第二章
演讲稿的撰写

〜〜〜〜〜〜〜〜〜〜〜〜〜〜〜〜〜〜〜〜〜〜〜〜〜〜

演讲稿是为演讲者在特定场合发表观点、讲述见解、阐明事理、宣传主张、抒发感情而准备的文稿，也可以是即兴演讲记录下来的讲话稿。演讲稿像议论文一样，论点鲜明，逻辑性强，但它不同于一般的议论文。它是一种带有宣传性、鼓动性的应用文体，经常使用各种修辞手法或艺术表现手法，具有很强的感染力。演讲稿有不同的类型，但都具有共同的特征、作用和写作要素，在构思和写作演讲稿时，我们要注重演讲稿的选材、结构和语言技巧等问题，从而创作出既新颖又深刻的演讲稿，为演讲的成功奠定文字基础。

第一节　概述

《说苑丛谈》中有这么一句话："口者，关也。舌者，机也。一言而非，驷马莫追。一言而急，驷马弗及。一言而适，可以却敌。一言而得，可以保国。"任何时候，一个人的"口才"都是至关重要的，而演讲是锻炼"口才"最行之有效的方法之一。

演讲除了战时演讲、论辩演讲、街头演讲这类即兴演讲随想随说，没有事先准备稿子的临场发挥外，其它的演讲一般都有事先准备好的演讲稿。演讲是一种高级的语言表达形式，作为一种特殊的文体，演讲稿以议论语体为主，但也要交融使用多种语体，其写作有其不同于其他文体的特点与写作方法。

一、演讲稿的文体特征

文体，是指独立成篇的文本体裁（或样式、体制），反映了文本从内容到形式的整体特点，属于形式范畴。有人认为，演讲稿是论文的结构、新闻的真实、小说的语言、诗歌的激情、散文的取材、戏剧的安排、相声的幽默，这样的说法，不无道理。这就决定了演讲稿是一种特殊的文体，写作时需要交融使用各种语体，运用多种文体规律。这就是说，演讲稿具有边缘文体特征，主要表现在既互相对立又互相交融的三个方面。

（一）口语化的书面语

我们熟知的"语文"两个字，"语"即口语，"说话"即口语，口头表达，"文"即书面语，"写文章"即书面语，书面表达。演讲稿是演讲前写好的书面文稿，但这种书面文稿不同于"口语"。一般说来，我们写文章（书面语）是通过发表或出版给人看、给人阅读的，而演讲稿是以"写"来体现"说"的艺术的，不需要发表或出版。具体说来，演讲稿是一种口语化的书面文稿，即经过加工提炼的口头语言，有其特定的诸多写作要求，要求遵循书面表达规律，做到语言规范，通俗易懂，讲究"上口"和"入耳"，才能适合于"口传"和"耳闻"这种"双边活动"。所谓上口，就是讲起来通达流利，富有层次感和逻辑性。所谓入耳，就是听起来非常顺畅，没有什么语言障碍，不会发生曲解，能准确传达演讲者的思想感情，收到打动、感染听众之效，达到宣传、教育的目的。而日常的口语交际则不同，比较自由、随意，在感觉的层面上经常是"不假思索"或"脱口而出"，中间免不了重复、修改、停顿。

演讲稿虽以书面的形式出现，但它是供口头表达用的，还要适应言语表达的需要。因此，写作演讲稿时，除了运用通俗易懂、简短明了、准确精炼的措词，以及音调和谐动听，语言流畅通达外，还要多采用体现对话或口语交流感觉的形体简短、修饰成分和连带成分少的短句。

演讲中，用反问、感叹两种句式的小短句，如连珠炮弹，频频射出，音调铿锵，理直气壮，既有书面语的凝练与厚重，又有口语的简洁与明快。

（二）艺术化的应用文

一次成功的演讲无疑是给听众一次精神上美的享受，而成功的演讲不但要有艺术化的语言特色，还要有艺术化的表达方式。因此，演讲稿的撰写不同于文学作品的创作，它是一种艺术性应用文体，既运用了实用文体的逻辑表现方式，同时又运用文艺作品的文辞、章法等表现手段。

总之，演讲稿的写作是为演讲这一特定的现实目的服务的，它需要符合一般应用文体的写作规范，如语言要简洁明了，通俗得体，生动形象；表意明确，直截了当，富有严密的逻辑性；结构严谨，布局合理，层次清晰，过渡自然，详略得当等。演讲既要传达思想，又要交流感情，因此要以动感内容激发动心动情，而情感的调动需要艺术化的表达方式。从这个意义上说，演讲稿的写作可以借助各种文学作品的艺术表现手法和技巧，以收到良好的表达效果。

（三）朴实化的文风

好的演讲稿贵在简短精炼。张志公曾经说过："演讲稿要简要，不要繁琐，要写有用的，不能为了文采而讲究文辞，也不能老去纠缠那些复杂的长句或复杂的问题。"这是说演讲稿要讲求"朴实化"文风，即"质朴实在"。

文风折射出作风。列宁说过："对人民不能咬文嚼字，而要讲得通俗易懂。"演讲和写文章一样，要做到通俗易懂，不仅要生动形象，而且要有切实的内容。现实生活中，一些领导干部好大喜功，爱搞形象工程，在作报告的演讲时，往往让"笔杆子"堆砌辞藻夸大政绩。辞藻华丽看似是"有文化"的体现，实则是内容空洞、缺乏思辨、不接地气、作风浮夸的直观体现，听众会不自觉地产生强烈的审美疲劳感，甚至会对演讲者产生强烈的反感心理。因此，演讲稿的语言要讲求"朴实化"。

（四）抒情味的议论文

鲁迅先生说过："能爱能憎才能文。"可见，真情实感是任何文章都必不可少的。白居易也说过："感人心者，莫先乎情"，人们写诗歌、散文往往重在抒情，其实就议论性演讲稿而言，在撰写时一定要把握其关键点——说理，在以理服人的同时，也应做到以理驭情，以情感人。这就是说，为阐明观点的论证，只有渗透着演讲者深厚炽热、健康朴素、真切诚挚的感情，做到晓之以理、动之以情的时候，才具有强大的说服力和感染力。

二、演讲稿的种类

演讲稿的种类多种多样，其分类没有固定不变的规定，但必须从同一角度、采用同一标准进行分类。探讨演讲的分类，了解各种演讲稿的性质与特点、它们之间的区别与联系，是演讲学研究的一个重要课题，对人们参加演讲实践具有一定的指导意义。

（一）按演讲内容分

这类演讲稿涉及社会生活的各个领域，其内容包罗万象，主要有政治演讲、法律演讲、学术演讲、教育演讲、军事演讲、经济演讲、宗教演讲和外交演讲等，这是对演讲最基本的分类。

1. 政治演讲稿

政治演讲稿，是一种阐述政治主张和见解的演讲文稿，其特点是具有思想性、政策性和策略性。政治演讲包括施政演说、就职演说、竞选演说、述职演说等，著名的范例有《林肯在葛底斯堡的演讲》《丘吉尔在美国圣诞节的即兴演讲》以及马丁·路德·金的《我有一个梦想》等。

2．学术演讲稿

学术演讲稿，是一种传播、交流科学知识，表述学术见解及报告研究成果的演讲文稿。学术演讲分为社会科学和自然科学两种学术演讲，科学知识讲座、学术报告、学术会议上的发言、学位论文答辩及各种治学或创作的经验报告等，都属于这一类型。随着科学事业的发展，学术交流活动在各个领域越来越多，不仅高校、科研部门、产业开发团队的专业工作者要参加各种各样的学术活动，进行学术演讲，一些机关、企事业单位的领导也同样如此。因此，学术演讲稿的应用的范围非常广泛。

3．教育演讲稿

教育演讲稿，是一种针对社会生活中人们的思想动态，尤其是人们的认知方式和价值取向等问题，分析存在问题，阐述见解、主张及对策的演讲文稿。这种演讲稿以真实、生动的事例，充满正能量的人生感悟，以及充盈的感情来讴歌真善美、鞭挞假恶丑。这种演讲涉及的话题非常广泛，可古可今，可中可外，目的在于引导听众树立正确的价值观、人生观、世界观，激励听众为崇高的理想、事业而奋斗。

（二）按演讲表达方式分

1．叙事式：这种演讲稿以叙述为主要表达方式，辅以适当的议论、说明和抒情。它不同于记叙文，其区别在于它是演讲者基于一定的观点和主张，通过对自己的思想、经历、事迹，或转述自己看到、听到的他人的事迹或事件的叙述，表达演讲者与众不同、新颖独特的观点，以打动听众的情感，从而达到宣传教育的目的。

2．议论式：这种演讲稿以议论为主要表达方式，和议论文一样，是一种树立观点，剖析事理，提出主张的文体。具体说来，它必须有正确、深刻的论点，以及对论点具有说服力的论据，及其富有逻辑性的严密地推理，层层深入地论证。这类演讲稿的最明显的特征是摆事实、讲道理，既有事实材料，又有逻辑推断，对听众晓之以理，以理服人，立场坚定，旗帜鲜明。

3．说明式：这种演讲稿以说明为主要表达方式，说明是用简明扼要的文字，对听众说明客观事物的形态、构造、性质、特征，种类、成因、功能、关系等，这种被解说的对象，一般是具体的事物，如产品推介演讲稿等；有的是对抽象事理、道理，如思想、观念、意识、修养、概念、原理、技术等，演讲中对抽象事理、道理的阐释，往往涉及概念、特点、演变、异同等科学的认识。这就是说，这类演讲稿具有科学性，条理性，通过解说某一事物、某个道理或某一问题来达到树立观点的目的。

4．抒情式：这种演讲稿以抒情为主要表达方式，但大多数综合了叙述、议论、说明的表达方式。从体裁角度来看，这种综合了多种表达方式的演讲稿，它不同于文学作品中的抒情。在演讲中，演讲者抒发的的感情，是以"情"这把钥匙来开启听众的心灵，它既可以直抒胸臆，又可以借助叙述、描写、说明、议论来间接抒发感情，如控诉日本南京大屠杀的演讲。可见，演讲稿中的抒情，是以"理"驭"情"，"抒情"是手段，"说理"才是目的，使听众在浓烈的情感作用下明辨是非，认识真理，而文学作品中的抒情，是以"情"寓"理"，主要目的是"抒情"，如朱自清的《荷塘月色》，他借"荷"的出污泥而不染的品格，以及"月色"的朦胧，抒发对对大革命失败的徘徊苦闷之情。

（三）按演讲形式分

1．命题演讲

命题演讲，是指演讲者根据给出的既定题目或限定的主题进行的演讲。这种演讲包括专题演讲和比赛演讲两种类型。专题演讲是针对某一事态或某一问题表明观点、态度、主张、意见和情感所发表的演讲。例如，我国著名演讲家李燕杰的《国家、民族和正气》、曲啸的《人生·理想·追求》等演讲。比赛演讲是演讲比赛中参赛选手围绕某一主题发表的各种演讲。

2．即兴演讲

即兴演讲是事先毫无任何准备，或者说没有时间准备，因受某一外在刺激或内在冲动的作用，自发或被要求立即进行的随想随说，有感而发的当众演讲，这是一种不凭借文稿来表情达意的话语交际活动。例如，1924 年 5 月 8 日，印度诗人泰戈尔在北京过 64 岁寿辰，北京学术界举行了祝寿仪式。梁启超登台即兴演讲。因泰戈尔想让梁启超为他起一个中国名字，梁启超便从印度称中国为"震旦"，讲到从天竺（印度）来的都姓竺，并将两个国名联起来，赠给泰戈尔一个新名叫"竺震旦"。由于话题选择得好，所以整篇演讲辞生动活泼，情趣盎然，寓意深刻。

3．论辩演讲

论辩演讲是论辩双方围绕某一特定问题的是非曲直、优劣正误进行阐述、论证、责难、辩驳，借以树立自己的观点，驳倒对方所进行的演讲。这种演讲是一种矛盾双方既对立又统一的唇枪舌战，即在论辩中，论辩双方既存在着针尖对麦芒的对立关系，有着相互否定、相互排斥的不相容一面，同时对立双方又处在统一的辩题之中，存在着相互吸引、相互渗透、相互补充的趋势和相互转化的可能性。例如，开始于 2012 年一年一届的我国"全国高校法庭辩论赛"。

（四）按演讲目的分

1．说服性演讲

说服性演讲指的是演讲者通过演讲阐明自己的观点，从而打动听众，并获得他们的认同，最终影响听众的态度和行为。竞选演讲、竞聘演讲、营销演讲等都属于说服性演讲。这种演讲，其目的在于促使受众发生思想和行为的改变。所以，演讲者必须使听众"信其人"，然后才能使之"听其言、从其行"。关于说服，韩非子在《难言》和《说难》阐述了说服君主的艰难和危险，他认为进言成功的根本在于弄清对方的真实心理，采用适当的话语和策略进行劝说。《战国策》中"触龙说赵太后"是一次说服的完美实践。

2．鼓动性演讲

鼓动性演讲，指的是演讲者创造一种能鼓舞气势或鼓动人心的氛围，并使听众产生欲行、欲动效果的演讲。这种演讲的最大特点，就在于其内容的鼓动性和表达的煽动性，无论在战争年代还是在和平时期，有催人泪下、发人深思、感人奋进的功效，这种演讲都像号角一样，有着极强的鼓舞和激励作用。例如，励志类的演讲稿，或宣传英雄事迹的演讲稿，都属于这种演讲稿。

3．传授性演讲

传授性演讲指的是传授、普及自然科学和社会科学知识的演讲。职业技能培训、继续教育培训、政策方针的解读报告、学术讲座，甚至教师的课堂教学，这些都是口语独白，同时又是做了充分准备的，具有传授、普及科学、时事知识的活动，都可以列入传授性演讲范畴。

（五）按演讲场合分

这类演讲稿涉及场合很多，主要有街头演讲、法庭演讲、教堂演讲、战地演讲、电视演讲等。

1．街头演讲

街头演讲几乎是临场发挥，没有现成的稿子，也属于即兴演讲。

2．战地演讲

这类演讲和街头演讲临场发挥一样，不但没有现成的演讲稿，而且具有鼓动性演讲的煽情性特点。例如，1066年10月14日，英格兰诺曼王朝第一人国王威廉公爵在英格兰登陆后对士兵的鼓动演说《高举战旗，勇往直前》。

3．电视演讲

这类演讲一般在电视演播厅或特定的比赛场合，主要包括演讲比赛、辩论赛、学术演讲，以及新闻人物或党政领导人、专家等就某一问题在电视上所作的专题演讲。

三、演讲稿的写作特点

不同风格、不同类型的演讲稿有不同的特征，不同功能、不同形式的演讲稿具有不同的特点。如政治类的演讲稿，具有政治性；学术类的演讲稿，具有学术性；教育类的演讲稿，具有劝导性。具体说来，不同的演讲稿具有如下共性的特点。

（一）针对性

邵守义先生在《实用演讲学》一书认为："演讲者只有了解听众，并从听众的实际出发，有针对性地选用材料，才能唤起听众的听讲热情和兴趣。"这里，邵守义先生强调的所谓针对性，指的是材料的选用，即演讲稿内容应该是听众想听的，以及听众所关心的问题，这样才能起到听众应有的心理期待的社会效果。演讲是一种社会活动，"公众场合"有不同的类型，听众也有不同的对象和不同的层次，演讲稿应针对听众喜闻乐见的形式，使演讲易于为听众接受，这样才能使听众产生兴趣，引起听众的心灵共鸣。例如，朱迅的《远山近水沐春风》：

阎老的八十大寿是在青歌赛的点评席上度过的。那天，他穿了件大红的衣服，我刚要祝他生日快乐，他抢着说："今儿我想在直播里告诉大家一条成功的正道：要想成功，需有四"fen"——天分、勤奋、缘分、本分。天分就是你必须是干这件事情的料，勤奋就是所有成功的人都是勤奋的人，缘分就是把握好机会，但最最重要的还是本分。天分、勤奋、缘分这三条加在一起也许可以让你成为大腕儿，但只有本分才能让你成为大家！"面对文艺界浮躁、炒作、急功近利、投机取巧、粗制滥造、千篇一律等问题，老人家这是在苦口婆心地告诫年轻人做人做事要走正道，成功要走正道啊！

这是央视主持人朱迅在人民大会堂举行的"阎肃同志先进事迹报告会"所做的发言。对阎肃这位公众人物，听众都会有些了解，如此，他们自然希望能听到更新的材料；于是，朱迅便以"阎老八十大寿是在青歌赛点评席上度过的"这个"秘闻"来满足听众的期待。由于"八十大寿仍在工作"即为大家竖立起一个标杆，再加之"成功要走正道"这样的谆谆教诲，自能让人从中感受到"时代楷模"非凡的人格魅力。

（《演讲与口才·绿版》2016年第6期）

（二）逻辑性

思维是演讲的根本，而思维结构则是思维内容各部分间联系的方式，演讲的思维也是这样。演讲的思维结构有着严密的逻辑要求，演讲的内容是演讲者阐述事理所运用的丰富材料，这些材料绝不是随意地散乱地堆积的，而是按人们对事物的认知由浅入深，由表及里，由易到难的内在逻辑规律组合成一个有机整体。因此，演讲内容的逻辑表达顺序，必须体现在开头、中间、结尾的结构层次。这样的结构既可以使演讲稿的撰写有所遵循，做到演讲思路通畅，层层递进，或前呼后应，推理合乎情理，又有利于扣住听众的心弦，使听众的心潮伴随演讲的节奏而起伏跌宕，引起共鸣，从而产生极强的说服力和吸引力。例如，1941年12月7日凌晨，日本以大量海空军突袭美国在太平洋的主要海军基地珍珠港，致使停泊在港内的美国太平洋舰队主力几乎全军覆没。第二天，美国总统罗斯福在国会发表了《一九四一年十二月七日——一个遗臭万年的日子》的演讲，这个演讲的结尾："我要求国会宣布，自1941年12月7日——星期日日本无缘无故和卑鄙怯懦的进攻时起，合众国与日本之间已处于战争状态。"这个结尾从中间部分合乎逻辑地得出最后结论，而且呼应了演讲的开头："昨天，一九四一年十二月七日——一个遗臭万年的日子——美利坚合众国遭到了日本帝国海空军部队突然和蓄谋的进攻。"这样的演讲，把演讲的逻辑因素与演讲的信息内容有机地融为一体，收到"曲罢余音袅袅，绕梁三日不绝"的效果。

（三）真实性

演讲稿不同于文学作品的创作，演讲者所讲述的人或事必须是真实可靠的，不能虚构，更不能随意拼凑、凭空想象，无中生有。也就是说，必须讲真话，选用的材料要确凿无误，绝对可靠可信。同时，演讲的目的是为了宣传人、说服人、教育人，演讲者表达的感情也必须是真实的。情贵在真，演讲者倾诉真情实感，才能打动听众。反之，如果演讲者矫揉造作，讲的不是真人、真事，所抒发的情感必须也不是发自肺腑的，这样的演讲会引起听众反感，根本很难达到感召听众产生共鸣的效果。

（四）可讲性

演讲是以"讲"为主，辅之以"演"。由于演讲要诉诸口头表达，撰稿时必须以容易说能够讲为前提。因此，一篇好的演讲稿，对演讲者来说，要写得"上口"，即讲起来与平常说话一样，听起来没有什么差别；对听讲者来说，要做到能让听众"入耳"，即让听众听起来通俗、简洁、易懂，如同听平时说话交流那样顺当。这就是说，演讲突出的是一个"讲"字，如果演讲者的"讲"讲不好，就不能有的放矢，听也就如坠烟云中，不知所云，毫无意义了。演讲稿要满足听众"入耳"后引起思考的心理需要，又要满足听众听起来"顺耳"的需要，首先要有"听众意识"，从真正意义上做到"朗朗上口"。

（五）鼓动性

德摩斯梯尼说过：辞令的灵魂就是行动，行动，再行动。因此，煽动情绪并且使之付诸行动就是演讲的重要目的和特征。优秀的演讲稿应有一种激发听众情绪、赢得听众好感的感染力，能迅速抓住听众的注意力，使听众产生强烈的倾听欲望，以引发听众强烈反响和共鸣。要做到这一点，首先要依靠演讲稿思想内容的丰富深刻和见解的精辟独到，发人深思；其次语言表达要形象、生动，能够形成一种富有感染力的气势，以强化听觉效果，从而达到"快者掀髯，愤者扼腕，悲者掩泣，羡者色飞"的境界。

四、演讲稿写作智慧的要素

一篇成功的演讲稿写作，应该充满智慧，充满智慧的演讲，才能给听众深刻的启迪，正如著名演讲家李燕杰所说"没有智慧的演讲等于零"。

百度汉语对"智慧"的解释，一是指人分析、判断、创造、思考的能力，二是指人的聪明才智。就演讲稿而言，指的应该是一种能够迅速、灵活、正确地理解和处理材料，并运用个性化的思维和表达方式，以独特写作风格完成高质量演讲稿撰写的能力。这种能力，构成了演讲稿写作智慧的要素，主要包括以下四种：

（一）创新的思维意识

创新是一切突出成绩的动力源。就演讲来说，思维意识是演讲者表达观点的思维的起点和导向，它是演讲者对观点的价值性、重要性的一种认知水平、认识程度，以及由此形成的对待创新的态度，并以这种态度来表达自己观点的一种思维态势。由此可见，创新在很大程度上体现的是人智慧，缺乏创新的思维意识的智慧，必然抑制创新思维的灵感。在演讲稿的撰写中，创新思维意识的思维灵感是构成表达智慧的一种因素。有了这种创新的思维智慧，才能触发演讲稿撰写的创新灵感，而富有创新的思维意识的演讲，才能提出自己独到的见解，才能把演讲者的观点、主张与思想感情传达给听众，给听众以新的启发，并从中获得新的教益。

（二）深刻的思想意蕴

演讲的本质是让思想更有影响力，其思想意蕴极其丰富而深邃的人生、管理、生态、伦理等方面的大智慧，值得我们去细细咀嚼、思考。因此，演讲稿必须有深刻的思想意蕴，这样才能给听众感受到思想智慧的强烈感染力，同时也特别能感受到演讲者对人生、对社会的体察和独特的感悟，从而去体认、实践智慧所产生的振聋发聩的力量。

（三）丰富的生活阅历

生活于演讲稿是取之不尽、用之不竭的创作源泉，演讲智慧是生活的积累，它来自对生活阅历的思考，来自对生活感悟的哲思，离开了生活的积累，演讲智慧也就成了无本之木，无源之水。富有智慧的演讲，其实就是在诠释不一样的生活经验。这种生活经验所构成演讲智慧，蕴含着演讲者对生活经验的思考与感悟。在这样的过程中，它都会点燃听众倾听的热情，唤起听众对演讲内容的关注，让听众从中获益。例如，崔永元的《父亲是我永远的依靠》，在谈及如何做人的演讲时，他说："父亲是工程兵某部的政委，也许是身为军人的缘故，他对我的要求非常严格，给我印象最深的就是告诉我绝不能占别人半点便宜。"随后，崔永元介绍了一段背景材料：

在我小的时候，家里养了一只花猫。一天，我发现花猫不知从哪儿叼来了两条黄花鱼，正准备大快朵颐。我把这事告诉了父亲。可父亲却带着它们顺着脚印仔细一查，发现黄花鱼是花猫从墙外叼来的，而隔墙是一个国营菜市场。父亲立刻做出决定，带着我和副食品定量供应本直奔菜市场，向卖鱼的叔叔阿姨说清楚情况，把两条黄花鱼的钱付给了他们，还划了副食品定量供应本。

这段蕴含着演讲者小时候的生活经历的演讲，通过家猫叼鱼的小事来诠释父亲对于自己做人的影响，如此独特的生活经历，必然给听众以深刻的启示。

（四）明快的口语表达

演讲是一种高级的口头表达活动，是实现演讲者与听众之间的思想沟通和感情交流的主要媒介。一个富有智慧的演讲者，往往会在语言表达口语化讲述中，让听众在具有鲜活感和生命力的简洁明快、通俗生动的口语表达里，产生更加强烈的感染力。例如，享有"食神"美誉的蔡澜在2015的《开讲啦》的演讲中这样说道：

古语有云："七十而不逾矩。""不逾矩"就是不必遵守规矩，一下子就活了。

这个人生真的不错，真的好玩儿啊。有两种想法：如果你认为好玩儿就好玩儿；如果你认为不好玩儿就不好玩儿。就像你一出门，看到满天乌鸦嘎嘎嘎地叫，这个很倒霉。但是你想，乌鸦是动物中唯一会把食物含着给爸爸妈妈吃的，这种动物很少，人类这么做的也少了。所以说在这么短短的几十年里，要把人生看成好的，不要看成坏的，不要太灰暗。

蔡先生口语化的演讲让人听起来既朴实生动，又亲切自然，再加上大量使用通俗化的语言和生活化的情景，使现场演讲的语言表达，呈现出简洁明快和幽默风趣的特色，对现场听众产生了强烈的吸引力和感染力。

第二节 选材架构

演讲稿的撰写，首先是选择论题、确立主旨、选取材料、组织结构；其次是把这一切按它们的内在逻辑组合成一个有机完整的系统；最后用标准的演讲语言把它们记写下来，用文字固定在纸面上。这就是我们所说的演讲稿。

一、选择论题

选题，就是选择和确定演讲的论题。演讲稿选题的好坏直接关系到演讲的成功与否和价值的大小。演讲涉及社会生活的方方面面，选题范围非常广泛，内容十分丰富，但这并不意味着演讲选题的随意性，选题的确立决定着演讲构思的取舍，也决定着演讲的价值。新颖、独特、充满真知灼见的论题，能使演讲的价值倍增，反之则会使演讲黯然无光。一般来说，选题时必须遵循以下四条基本原则。

（一）选题要有强烈的时代感

演讲活动属于现实活动的范畴。时代和社会是不断向前发展的，人们的思想和意识也是不断更新的。演讲的选题要紧跟时代步伐，体现与时俱进精神，具有立意高远、思想深刻的先进性；要站在时代发展的高度，在理论上突出社会教育作用，在实践上反映广大人民群众的意志，体现广大人民群众的愿望，表达广大人民群众的呼声；要钻研新理论，捕捉新信息，选择广大人民群众最关心的，社会现实亟需要解决的问题作为选题，传播新思想。总之，演讲稿的撰写可以宣传、提倡真善美的事物，也可以揭露、抨击假恶丑的事物。但不论哪种选题，一定要有自己的真知灼见，不要人云亦云，这样才能使人耳目一新，以唤起听众的关切和注意。

（二）选题要适合演讲者

1. 选择自己熟悉并为之所动的论题

演讲的选题，首先是必须选择自己比较熟悉，并且有条件、有把握讲好的论题，因为只有熟悉才能有话可说，才能展开深层次的剖析；其次是必须选择自己为之所动的论题，因为只有真正触动演讲者心灵感悟的论题，才能能使演讲者产生激情，使之演讲时引起听众的共鸣，从而使听众为之激动，为之鼓舞；再次是必须选择有特长的论题，因为这样的选题往往能显示演讲者的真知灼见，从而增强演讲的价值。许多演讲者的实践证明，选择自己比较熟悉的或者和自己的专业、知识面比较接近的论题，就容易讲得深、讲得透、讲出自己的风格。

2. 选择适合自己年龄、身份和气质的论题

演讲论题为客观现实需要，其选择一定要符合自己的年龄、身份和气质，否则论题再好，也无法打动听众的内心，起不到鼓动的作用。例如，如果演讲者是一个中学生，要谈"大学毕业后是选择就业还是考研"，必然感到无从下手，也与身份不符；若是谈"应试教育是否利于中学生成才"，肯定会感触颇深、文思如泉涌。又如，著名的防疫专家谈病毒防控，人们会公认他很权威。再如，一位

邋遢的人，如果作主题为"关于个人整洁重要性"的演讲，即使言之有理，也没有任何说服力。

（二）选题要适合听众需求

1．选题必须能引起听众的兴趣

演讲都要从实际出发，所选论题要考虑听众的需求心理和注重听众的价值心理，是否符合听众的现实需求，是否能引起听众的兴趣，是否对听众具有诱惑力和吸引力，是否能激起听众产生共鸣。如果选择听众不感兴趣或与他们无关的论题，听众必然无动于衷，甚至会感到索然无味。反之，如果选题是听众关心的"热点"，自然容易唤起听众对演讲的极大兴趣和热情。总之，听众是带着某种欲望来的，与他们的生活密切相关的或当下的热门话题，就会"一石激起千层浪"，从而解决人们普遍关心、急于得到回答的问题。这样的论题才有价值，才能为听众所欢迎。此外，如果论题过于高深难懂，即使很新颖，也难以引起听众兴趣。

2．选题必须有意义

论题的选择要引起听众的兴趣，并不意味着要一味地迎合听众，选题要有现实意义。如果论题本身价值不大，客观上又不需要，那就不要选它。有的论题虽有一定价值，但客观现实并不迫切需要，也不要选它。演讲者只有选择那些符合听众心理和要求的论题，才能帮助听众弄清社会现实中的复杂现象的问题，并在多大程度上有助于迫在眉睫的社会问题的解决时，这样的论题才有价值，才能为听众所欢迎。那种不痛不痒的、毫无现实意义的空对空的说教，是永远无法取悦听众的。

（三）选题要适合特定的场合

演讲是演讲者在特定的场合，面对广大听众针对某个具体问题，鲜明、完整地发表自己的见解和主张，阐明事理或抒发情感，进行宣传鼓动的一种语言交际活动。场合不同，选题也应不同。不同论题的演讲，演讲者要根据不同的场合、听众，选择适合演讲论题的场合，即适合演讲的现场布置、时间、背景、组织、听众等，使论题与与演讲场合的气氛相互协调一致。

（四）选题要适合规定的时间

教师上课，要在规定的时间内完成教学任务，演讲也是如此，必须要在限定的时间内对所选论题加以充分阐述。从这个意义上说，演讲其实就是一种"限时表达"，无论是时间不够用，还是时间用不完，都是对时间的把控不到位，缺乏限时表达的能力。因此，演讲者要根据时间的长短做出恰当的安排。时间短的话，可选择大论题中精彩的小问题来谈，让听众"窥一斑而见全豹"；时间长的话，可将几个有价值的小问题按一定的逻辑串起来讲给听众。

二、确立主旨

主旨，也叫主题、观点、中心思想，是演讲者通过演讲内容所表达出来的一种思想或意向，它体现了演讲者对所阐述问题的总体性观点，是演讲的"灵魂"和"统帅"。因此，为了使演讲稿的撰写真正起到应有的宣传、教育、启发、鼓舞的作用，首先是主旨的确立。

叶圣陶说过："一场演说，必须是一件独立的东西。……用口说也好，用笔写文章也好，总得对准中心用功夫，总得说成功写成功一件独立的东西。不然，人家就会弄不清楚你在说什么，写什么，因而你的目的就难以达到。"这就是说，演讲稿主旨的确立前，必须了解演讲的性质、目的和听众的情况，然后选择演讲的题材。对此，要求演讲的主旨必须正确、鲜明、集中、深刻：

（一）观点正确，即确立演讲主旨的思想、意向，必须具有科学正确的世界观，透过现象看本质，把握住演讲的正确的主题。

（二）态度鲜明，即演讲的选题，必须旗帜鲜明，与时俱进，肯定什么，否定什么，赞颂什么，贬斥什么，要清清楚楚，不可似是而非，模棱两可。

（三）表述集中，即演讲的主旨必须凝练，单一而且集中，紧紧地围绕一种思想或意向，把问题讲深讲透，以彰显演讲所要达到的效果。

（四）阐发深刻，即演讲应该充满智慧，充满智慧的演讲才能给人以深刻的启迪。这就是说，演讲观点要新颖睿智，见解独到，发人深省。

三、选取材料

一篇演讲稿成功与否、价值大小，关键在于材料选择。主题是演讲的灵魂，架构是演讲的骨架，材料是演讲的血肉。材料是演讲中所涉及的用于说明演讲主题的事实依据和生活现象。演讲是对材料中所表达的主题思想的一种理性思考，但理性的体现并非是抽象的说理，而是借事说理，寓理于事，把道理讲实讲透，讲到听众心里去。而要做到这一点，就必须依靠详实、生动、典型的材料来加以佐证，只有真实的材料才经得起听众和事实的检验，才具有说服力。因此，演讲要产生说服人、吸引人、感染人、鼓动人的效果，材料的运用也就显得至关重要了。

演讲的材料十分广泛，它涉及社会中各种引人深思的生活现象，令人难忘的历史事件，可歌可泣的英雄事迹，名人名言警句，以及日常生活中的所见所闻，名人轶事，民间故事、风土人情以及文学作品等。所有这些，都有可能成为演讲选择的材料。具体说来，演讲稿的选材必遵循以下基本原则：

（一）针对性

演讲理论家邵守义先生在《实用演讲学》中曾说："演讲者只有了解听众，并从听众的实际出发，有针对性地选用材料，才能唤起听众的听讲热情和兴趣。"也就是说，选用有针对性的材料，演讲才能吸引听众。

有针对性地选用材料，首先必须切合演讲主题需要。主题是选材的依据，选材时必须考虑所选材料能否支撑主题所要表达的观点，否则，再生动的材料也没用；其次，选材要针对听众的需要。包括：选用符合听众心理需求的材料；选用切合听众文化程度的材料；选用切合演讲场合的材料等。

（二）真实性

真实是演讲的基本原则。演讲要靠事实说话，演讲所选用的材料，必须是绝对真实的事实性材料。事实性材料是演讲稿中所选用的客观存在的事实，一般指具体事例和数据等。选材真实，既指材料符合客观的实际情况，事实确凿、可靠，同时又客观地反映事物本质和主流。无论是哪种演讲稿的撰写，都要求实求真，都要力争选用"第一手"材料，选用经得起推敲的真实性材料，不能捕风捉影、道听途说，更不能无中生有、胡编乱造。只有事实材料真实可靠，演讲才能具有极大的说服力。多累积事实材料，可以开阔视野，获取丰富的感性认识，可以有力地支撑主题。

（三）典型性

典型，意思是"具有代表性的"。典型材料就是指具有代表性的材料，即最能揭示事物的本质、反映事物特征、对表现主题具有突出说服力的材料。演讲稿所选材料不仅要真实，有生活气息，而且要有代表性和典型性。因为只有典型的材料才足以表现、突出中心思想，而且可以代表其他材料，选取任何其它材料而不选典型材料不行。这就是说，在同类事物中最有代表性的典型材料才能"片言居要"，才能使演讲稿短小精悍、以少胜多、以质胜量，增强演讲的思想性和表现力。"窥一斑而见全豹"，说的就是借典型来反映一般。所以，撰写演讲稿时应选择那些富有表现力和感染力的典型材料。

（四）新颖性

见解独特的演讲能启迪听众的智慧，能引发听众的兴趣，给人耳目一新的感觉。演讲中，所选材料的"新"，不是故弄玄虚，而是来自演讲者对客观事物独到的看法和敏锐的观察能力。因此，演讲者所选材料要在演讲中突出新颖的特点，必须从三个方面入手：首先是推陈出新。有些材料虽然新鲜度不够，但内涵丰富又紧扣主题，只要演讲者能从独特的视角切入，从新的思维角度思考，同样也能出奇制胜，给听众以新鲜感，甚至化腐朽为神奇；其次是与时俱进。纷繁复杂的社会生活为我们提供了层出不穷的新问题、新事实、新经验，演讲者要善于深刻体悟现实生活的新鲜感受，与时俱进，才能带给听众具有强烈的时代感、鲜活的演讲。

四、组织结构

文学创作讲究精心构思，合理布局，在结构上力求"尺水波澜，摇曳生姿"。演讲稿的写作同样如此，也追求这种"跌宕起伏"，"引人入胜"的表达效果。

（一）精心布局

演讲稿撰写之前，首先应进行整体框架构思，它是演讲者依据主旨、意图对材料进行组合、编排而成的一篇演讲稿的框架。因为只有构思巧妙，结构新颖，才能匠心独运地把材料组织得精巧，更好地表情达意。正如德国文学家歌德所说，结构文章"像首饰匠打金锁链那样……把一个个小环非常合适地连接起来。"

演讲稿整体框架的构思，可以分为很多种，这里介绍常见的五种：串联式、并联式、"WWH"式、三句话式和关键词式。

1．并联式

并联是物理学的基本电路原理，指的是把电路中的元件并列地接到电路中的两点间，电路中的电流分为几个分支，分别流经几个元件的连接方式。这种连接方式，电流分支处于并列状态，如果其中一个出现问题，其他电器不会受到直接影响。在演讲稿构思中，并联式也叫并列式或横式结构，没有主次、先后之分，即按材料内部联系的性质归类叙述，从不同的侧面、不同的角度表现演讲的主题。例如，陶行知的《创造宣言》：

有人说：环境太平凡了，不能创造……

有人说：生活太单调了，不能创造……

有人说：年纪太小，不能创造……

有人说：我是太无能了，不能创造……

有人说：山穷水尽，走投无路，陷入绝境，等死而已，不能创造……

所以，处处是创造之地，天天是创造之时，人人是创造之人。

上述以"环境太平凡了、生活太单调了、年纪太小、我是太无能了、山穷水尽，走投无路，陷入绝境，等死而已"为并联式结构，五个点之间构成并列关系，从不同的侧面针对"不能创造"的错误观点进行批驳，最后得出"处处是创造之地，天天是创造之时，人人是创造之人"的结论，并联式结构交换位置不会影响语意的表达。

2．串联式

串联也是物理学的基本电路原理，指的是电路中各个元件被导线逐次连接起来。其特点是在正常情况下，处于串联状态的电路中，只要有某一处断开，整个电路就成为断路。这种电路原理运用于演讲稿的撰写，即构成串联式框架。在演讲稿中，串联式框架主要按时间顺序、按空间顺序、按逻辑顺序、按陈述对象的认识发展顺序四种类型组织材料，但不管采用哪种写法，都必须分层次组织材料。

一盘散乱的珍珠，要成为一件珍贵的艺术品，需要用一条彩线把它串起来。演讲稿的撰写也是如此，文中珍珠似的各种材料，也需要用这样的一条"线"来串联。这条"线"，就是串联式电路中的导线。

串联式演讲稿中的"线"就像链条一样，它是贯穿全文始终的一条脉络，体现了材料之间的内在联系，是演讲稿的纲。因此，只有恰当、合理地组织材料，才能使演讲稿的眉目条理清楚，才不会出现"短路"的失误。

3．三分式

三分式，也叫三句话式。道德经说"一生二，二生三，三生万物"，"三"这个数字，在日常生活中随处可见。这里所说的"三句话式"，并不仅仅是三个句子，也可以是三层意思，比如：三种观点。三点感想、三个问题、三个基础、三个追求、三个准备、三点希望等。这就是说，"三句话式"其实就是把演讲内容分成三个层次，对每一个层次的观点分别进行阐释。三分式的构思被广泛应用于礼节性的演讲场合，其表达种类一般包括欢迎、祝贺、感谢、祝愿、希望等五种。无论是哪种场合的礼节性演讲，讲两点显得少了，讲四点又会让人感觉有点烦，讲三点正好符合人们的心理期待。在五种表述的演讲中，基于数学的排列、组合，可以构成欢迎类＋感谢类＋祝愿类，或是祝贺类＋感谢类＋希望类，或是感谢类＋祝贺类＋祝愿类等三分式结构。

1917 年 4 月，蔡元培先生任北京大学校长的就职演说，一开头就开门见山地对那些老资格的学生说，在严复当校长时，我作为教育总长就来过，现在我作为校长有三件事要告诉你们，即：宗旨、德行、敬师。这就是典型的三分式演讲结构。

……予今长斯校，请以三事为诸君告：

一曰抱定宗旨。……

二曰砥砺德行。……

三曰敬爱师友。……

总观蔡元培先生这篇演讲词，紧紧围绕着他提出的三件事进行阐述，层层深化拓展，思想深邃，内容宏富，前瞻性强，不论是字里行间，充满了信心和希望，还是字外行边，也闪烁着他教育思想的光芒。

4．"WWH"式

WWH 式，即黄金法则，是英语"What、Why、How"的简称。WWH 式把思考和认知问题的方式分为三个圈层。如下图：

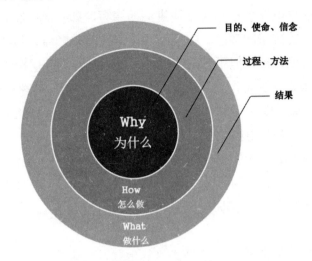

WWH式中的三个单词，从里到外依次是 Why，为什么；How，怎么做；What，做什么。按黄金圈法则构成的演讲框架，即发现问题、分析问题、解决问题。

5. 关键词式

关键词式结构，即关键词法，它是演讲中让听众在短时间里记住演讲主题的构思技巧。关键词特指单个媒体在制作索引时，从内容里面挑出来的重要词汇。就演讲稿来说，也同样如此，因而在演讲稿写作的构思中，它强调演讲稿撰写者要学会关键词的概括方法，一般说来，简短的演讲可以用一个关键词或关键句，篇幅较长的演讲，也可以选取多个关键词或关键句来对演讲内容加以概括。

在演讲中，如果这样开头：

在今天的演讲中，我讲三个关键词，它们是……

这样的开头，三个关键词无疑是对演讲内容的主题提炼，在演讲开始前，听众很容易从关键词记住了演讲者所要表达的观点。例如，2019年主持人大赛姚轶滨的90秒即兴考核演讲：

各位好，欢迎收看今天的《新闻关键词》，今天这条新闻，我们选出的关键词是——见证，可能很多年轻的朋友，没有看过左边这张黑白照片。这在当年，可是轰动一时的照片。当时，年仅8岁的安徽金寨农家女孩苏明娟，她那双对知识充满了渴望的大眼睛，瞬间就成了大家讨论的焦点。

"当时，我们还有很多地区的教育资源是很不平均的，很多地方还是很贫困的，所以这张照片，当年就成了希望工程的一个标志。但是，我们看到2017年12月15日，这已经是成年之后的苏明娟，发生了巨大的变化。苏明娟本人，就是她自己生命历程的一个见证者，她见证着自己从一个农村女孩，成长为现在共青团安徽省委副书记（兼职）。但是，更重要的是，我们所有人其实都是这个过程的见证者，我们见证的是中国教育资源不断向下沉，不断向贫困地区沉，但是我更羡慕的，其实是今天年轻的朋友们，我们见证的是中国快速发展的时代，而他们，将在最好的年华当中，见证中华民族伟大复兴的中国梦的实现。所以我对今天在场的朋友们说，重任即将交到你们的肩上，你们准备好了吗？"

姚轶滨的演讲，用了一个"见证"的关键词，从一张照片、一个人说起，推及国家、民族的变化，以及发生这种变化的"见证者"。

以上五种构思模式，既可以独立运用，也可以综合运用，还可以由此衍变出更多各具特色的新颖构思。

（二）精细谋篇

元代乔梦符说："作乐府亦有法，曰凤头、猪肚、豹尾是也"。演讲稿的写作也是如此。"凤头"指演讲开场，要求如"凤头"一般小巧而美丽，出语不凡，引人入胜。"猪肚"比喻正文内容像猪肚那样内涵丰富、充实，血肉丰满。"豹尾"指结尾要像豹子尾巴那样有力、刚健。

1. 凤头。瑞士·温克勒说过"开场白有两项任务：一是建立说者与听者的同感；二是如字义所释，打开场面，引入正题。"开头是演讲的导入部分，能否抓住听众，先声夺人，足见其重要性。写作时，在内容上要求有新意，简短而精彩，出奇制胜；在形式上力求新颖别致，有趣味性；在创意上意境深远，内涵丰富；在气势上排山倒海，声高自远。常用的方式有：

（1）直入式。也叫揭题式，以片语惊人的方式，直接揭示主题。李大钊先生在1919年做的《"少年中国"的"少年运动"》演讲开篇直入主题，干脆利落："我们的理想，是在创造一个'少年中国'。'少年中国'能不能创立，全看我们的'少年运动'如何。"

（2）提问式。直接提出一个出人意料或发人深省的问题，或人们亟待知道或解决的问题，激发听众思维，把听众的注意力集中到演讲中来。曲啸的《人生理想追求》就是这样开头的："一个人应该怎样对待自己青春的时光呢？我想在这里同大家谈谈我的情况。"

（3）悬念式。人们都有好奇的心理，一旦有了疑虑，非得探明究竟不可。在开场白中制造悬念，往往会收到奇效。例如，胡拉龙《我们的后代喝什么？》："北宋词人李之仪在《卜算子·我住长江头》一词中，用'我住长江头，君住长江尾。日日思君不见君，共饮长江水'的词句来表达思念之情。如果是现在，李之仪绝不会再写出'共饮长江水'的'词句了，为什么呢？"

（4）引用式。也叫警语式，以深邃而新颖的格言，或哲学隽语、名言警句，为演讲主题的展开作必要的铺垫和烘托。梁启超《教育家的自家田地》："孔子屡次自白，说自己没有别的过人之处，不过是'学而不厌，诲人不倦'。他的门生公西华听了这两句话便赞叹道：'正惟弟子不能及也。'我们从小就读这章书，都以为两句无奇的话，何以见得便是一般人所不能及呢？我历年来积些经验，把这本书越读越有味，觉得：学不难，不厌却难；诲人不难，不倦却难。孔子特别过人之处和他一生受用处，的确就在这两句话。"

（5）故事式。用一个与演讲主题有密切关系的故事或事件，或名人轶事、或个人亲历等，以感人的情节吸引听众，可以迅速缩短与听众的距离，使听众急于了解下文。廖济忠《做个敢于奋斗乐于奉献的人》：

让我们先听一个故事：秦代的大政治家李斯出身下层，地位卑贱。有一次上厕所，他看见厕所的老鼠吃的是肮脏的粪便，还时时遭到人和狗的惊扰，由此他想到躲在谷仓的老鼠吃的是金黄的稻谷，住的是敞亮的仓房，一天到晚自由自在，于是他发誓要改变自己的生活环境和卑贱的地位，经过一番艰苦奋斗，他的确成功了，赢得了"秦之文章，李斯一人而已"的美名，达到了"富贵极矣"的地步。但他从此贪恋富贵，患得患失，而对奸臣的胡作非为一再妥协退让，最终落得个全家丧命的可悲下场。

（6）谈心式。也叫沟通式，这种开头法谈的每一段故事都是发自内心，无论悲伤还是飞扬，都无比真实，不仅平等、平实、亲切、随和，为听众易于接受，能一下子拉近和听众的距离，而且更易触及心灵，让人如沐春风，令人温暖和感动。2014年10月，张卫健在内地银屏上奉献首次个人"演说"：

当年有人挖苦我"你不演孙悟空脸上没毛你就一文不值"，为了证明一个男人脸上一根毛都没有依然可以很有魅力，我从此剃了光头一直保持到现在。我的人生可谓大起大落，充满喜怒哀乐。我成长在一个单亲家庭，爸爸有严重的家庭暴力，经常莫名其妙地打人，什么都可以成为他打人的道具，比这沙发更大的他也能举起来扔。尽管经常受到爸爸的毒打，但这让我从小有了"好身手"，可以轻易躲过别人的拳头。妈妈在家里的境遇也是一样，我13岁的时候，父亲抛下家庭，与外面的一个女人走了。我到现在都深深记得父亲头也不回的背影，而母亲则是趴在地上，哭着求他不要走。要不是妈妈一直哭，我都还想开香槟庆祝呢！

上述的演讲，刊发于《演讲与口才》红版2015年第3期，从中不难看出，张卫健在演讲中，像与听众闲聊、唠嗑、谈心一样，不仅自解为何一直留光头之谜，让人深深感受到了他的志气，而且还自曝身世，倾诉自己成长的"血泪史"，令人百感交集。

（7）幽默式。以幽默、诙谐的语言或事例作为演讲的开场白，它能激发听众的好奇心，吸引听众的注意力，使听众在轻松愉快之中很快进入演讲接受者的角色。1990年，中央电视台邀请台湾影视艺术家凌峰先生参加春节联欢晚会。当时，许多观众对他还很陌生，可他的开场白可谓妙不可后，他说："在下凌峰，我和文章不同，虽然我们都获得过'金钟奖'和最佳男歌星称号，但我以长得难看而出名……一般来说，女观众对我的印象不太好，她们认为我是人比黄花瘦，脸比煤炭黑。"这一番话嬉而不谑，妙趣横生，一下子被观众认同并受到了热烈欢迎。

（8）新闻式。这是演讲者当众宣布引人注目的新闻，其目的是引起听众对事件的高度注意。因为是新闻，首先要"新"，才能使听众为之震惊，并对事态关注起来。但必须真实可靠，切不可故弄玄虚，否则会引起听众反感。

演讲稿的开场白在演讲稿的结构中处于显要的地位，上述构思模式可以独立运用，也可以综合运用，具体应该根据演讲主题、听众类型和现场情境灵活选择，不必过分拘泥。总之，好的开场白应该进行精心的设计、安排，用最简洁的语言、最经济的时间，把听众的注意力和兴奋点吸引过来，这样才能达到出奇制胜的效果。

2．猪肚。演讲稿的主体是对演讲主题的逐渐展开、丰富和深化，是演讲的最充实饱满的部分，内容必须充实丰满，有血有肉。为了充分阐释演讲主题，表达演讲者思想，必须突出重点、层次清楚、过渡自然，合乎逻辑地逐层展开，这样才能将演讲一步步推向高潮。那么，清晰的条理，环环相扣的逻辑就显得尤为重要。这部分在写法上，其结构可以概括为纵向推进式、横向组合式、纵横结合式、关键词串联式四种类型：

（1）纵向推进式

纵式结构，即一篇演讲稿中各层之间的意思前后沟通，按时间的推移来排列层次，分层推进，结论拓展，包括直叙型和递进型两种表达方式。

①直叙型。也叫陈述型，主要运用于叙述型演讲，以叙述人物事件为主，所叙述的事件或以时间为序，或以空间为序，或以事情的发生、发展或变化过程为序，从引人入胜的目的出发进行安排，往往在叙述中加入议论，夹叙夹议。这种结构层次比较单一，事情的来龙去脉很清楚。撰写演讲稿时，要注意突出重点，兼顾一般，切忌平均用力，平铺直叙。刘友仁《把艰苦奋斗的乐章奏得更响》的演讲：

珠海，这块神奇的土地；澳门，这片迷茫的海湾。在珠海与澳门的坐标交汇点上，有一个集"神奇"与"迷茫"于一身的小岛，叫大横琴岛。岛上驻守着被国防部年授予荣誉称号的"南海前哨钢八连"，我就是这个连队的第13任司务长。

……条件的艰苦还算不了什么，最重要的是来自对面那个世界的腐朽思想和生活方式的影响。

复杂的环境，艰苦的条件和巨大的军地反差，使特区官兵着严峻的考验。我和战友们无论是在享受，还是在创造的问题上陷入了苦苦的思索……想过去，看眼前，渐渐地使我明白了一个深刻的道理：过去，前辈创业需要艰苦奋斗的精神；今天，建特区、守特区仍然需要这种精神。我暗暗下决心，一定要把艰苦奋斗的乐章奏得更响。

1987 年，上级让我担任连队司务长，我接过账本……我和我的战友们终于品尝到艰苦创业的甘甜。

……

这些年我从特区人民艰苦奋斗的精神中受到了激励和鼓舞，也从那些见利忘义掉进钱窟窿的反面教员身上得到警醒。特区这个窗口在传递新的信息，带来清新空气的同时，也难免会带进一些这样那样的毒菌，污染社会的环境，侵袭人们的肌体，腐蚀人们的灵魂。作为一名特区战士，"钢八连"的后来人，要时刻警惕毒菌的侵蚀、糖弹的进攻，始终保持战士的本色。

……

也许有的战友要说，你在岛上呆了七八年，除了吃苦，就是吃亏失去的太多了。是的，与一些同龄人相比，我未能上大学深造，到知识的宝库中去掘取；未能发家致富，获得更多的物质享受。但是，我并不为失去这些而惋惜，相反感到非常满足，因为我得到了比这些更为宝贵的东西……

当我置身于阵阵掌声之中，接过束束鲜花的时候，总是激动不已，我知道这掌声，这鲜花是党和人民对我的奖赏，但更多的是对我党我军的传家宝——艰苦奋斗精神的赞赏。

亲爱的战友们：让我们把艰苦奋斗的乐章奏得更响吧！

这是一篇陈述型演讲稿，以陈述对象自身的经历、认识为演讲内容，以叙述为主要表达方式，兼以议论、说明、描写与抒情，直接叙述作者在"腐朽"与"神奇"的较量中艰苦奋斗的事迹。从事迹中，体现出特区驻军官兵在特殊条件下的严峻考验，表现了他们坚定地共产主义信念及永存的艰苦奋斗精神。

②递进型。即从表面、浅层入手，按事理逻辑顺序，情感发展脉络，犹如层层剥笋那样，步步深入，最终揭示深刻的主题。这种结构，可按"叙事—说理—结论"的事理模式展开，即摆情况，做分析，下结论，也可按照由浅入深的递进过程安排层次，其内容呈螺旋式层层深入，由表及里。递进用得好，无论叙事还是说理，都有蓄势的作用，能使语言层次鲜明，意思层层推进，内容步步深化，增强演讲稿节奏感，提高演讲说服力。邓亚萍《转型从零开始》这篇演讲稿，按照"作为一个运动员，转型很困难——要想转型，要先有选择——选择转型读书——读书，意味着

一切从零开始——如何实现成功转型"的思路，层层递进，给予听众以实现人生突围，获得人生的跨越式发展的深刻启发。

有一位老者曾经问我说："你的奖牌和奖杯都放在什么地方？"我讲："我父母，拿出了一间屋子，专门作为一个荣誉室，把我所有得过的奖牌、奖杯、奖状全部放在这个屋子里头。"他跟我讲："你应该把它收起来，因为这些已经统统成为了过去。"

从那一刻开始，我一直在想这句话。因为作为一个运动员的转型，是很困难的。快要退役的时候，就在考虑我退役以后怎么办呢？是继续当教练呢？还是像你们一样，走向社会？我如果说不当教练的话，我会做什么？我能跟你们去竞争吗？我认为我竞争不过你们。所以从那时候决定要去读书，要更好去完善自己，选择了去读清华大学。

……清华老师问我，他说："你的英文什么水平？"我说"是零。"他说："那你，二十六个字母先试试吧！"……

一切从头开始……

我第一次去英国留学的时候，是在98年。因为国际奥委会要在葡萄牙开一次会，当时由中国奥委会建议说：一定要在上面有一个发言，帮助写了一篇很简短的稿子，也就一页纸。……我一开口讲英文，老萨（萨马兰奇）就笑了，然后一直笑到我最后把这篇讲话讲完。……所以好多人问我："转型你害怕吗？"我说："有什么好怕的呢？因为从一开始生下来，你就不会，你不是通过一点点地学习吗？"……要想到，我要从零开始，要保持一个勇往直前、拼搏向上的一种精神。在拼搏的过程当中，一定会遇到困难。那么我们该怎么办？我们要有忍耐力！你的忍耐力有多强，你的成就就有多高。你的承受力有多大，你的成功就会有多大！

（2）横向组合式

横式结构，或按事物的组成部分展开，或按空间分布展开，或按事物的性质归属关系展开。根据不同的展开方式，可分为并列型、总分总型、对比型。

①并列型。即演讲稿各部分的内容平行并列，没有主次轻重之分，从不同角度、不同侧面提出问题，围绕演讲的中心主题展开，其结构形态呈放射状四面展开，宛若车轮之轴与其辐条。著名教育家陶行知先生的《四问》演讲，围绕并列的"四问"展开论述，条理清晰，主题突出。下面是演讲稿的摘录：

今天我想和大家谈四个问题，叫做"每天四问"。

第一问，自己的身体有没有进步？……

第二问，自己的学问有没有进步？……

第三问，自己担任的工作有没有进步？……

第四问，自己的道德有没有进步？……

以上我谈的就是"每天四问"。如果我们每天都这样问问自己，这样地激励和鞭策自己，我们就一定能在身体健康、学问进修、工作效能、道德品格各方面有长足的进步。

②总分总型。这个结构的精髓是提纲挈领地先说结论，然后把结论分解为与之相关的若干层次或侧面，并分别围绕主旨阐述一个问题，或说明事物的一个侧面，最后总结。这样的好处在于突出重点、逻辑清晰、层次分明。

③对比型。对比，是一种修辞手法，也是一种写作手法。作为写作手法，广泛应用于各种文体的写作中，演讲稿也不例外。所谓对比，是把对立的两个部分或者同一部分的两个相反、相对的两个方面，或事、或物、或人、或景、或情，前后相叙，加以对比，让人有所悟、有所感，从而更加突出表现作者观点的张力。对比，可以横向对比、纵向对比，也可以中外对比。

（3）纵横结合式

这种结构，纵横互相包含其中，或以时间顺序为主线，穿插横向组合材料；或者以横向组合为主，其间穿插纵向组合材料。根据材料的不同组合方式，这种结构灵活多变。例如：

①对比递进型，即在对比中包含递进，或是在递进中包含对比。

②并列递进型，即在并列中包含递进，或是在递进中包含并列。林肯在以尼加拉瀑布为题材的演讲就是这方面的典型代表。

这要推测无限的久远，当哥伦布最初发现新大陆——当耶稣基督被钉在十字架上——当摩西率领以色列人渡过红海——啊，甚至当亚当从创世主的手里出来，从那时到现在，尼加拉就在这怒吼。古代巨人的眼睛像现今我们人的眼睛一样，曾看见过尼加拉。与第一代人种同时代，比人类的第一个始祖还老，一万年前的尼加拉和现在的是同样新鲜有力，我们还能想象那庞大骨骼的前世巨象爬虫也曾见过尼加拉——从那样久远的年代起，尼加拉从无一刻静止，从未涸竭，从未冻凝，从未休息。

这里，林肯穿插哥伦布、耶稣、摩西、亚当等所处年代的尼加拉瀑布已在这里怒吼，这种并列的阶梯式句群结构，一层高一层，一句比一句有力量，吸引听众思路一步步进入远古时代，说明了尼加拉瀑布的历史悠久，源远流长。

③并列对照（对比）型，即在并列中包含对照（对比），或是在对照（对比）中包含并列。"对比"和"对照"，都有互相比较的意思，在这个意义上可以互换。"对比"和"对照"，都是把对立的两种事物或观点等，或者把事物的两个方面放在一起陈述，使之形成鲜明对比。运用对照（对比）时，对立统一的两种事物或观点的对照（对比）叫两体对照（对比）；存在于同一事物中的两个对立面之间的对

照（对比），叫做一体两面对照（对比）。"对比"侧重两种事物相对比较，"对照"侧重互相映衬参照。马丁·路德·金《我有一个梦想》的演讲，其中有两段是典型的并列对照型：

100年前，一位伟大的美国人签署了《解放黑奴宣言》，今天我们就是在他的雕像前集会。这一庄严宣言犹如灯塔的光芒，给千百万在那摧残生命的不义之火中饱受煎熬的黑奴带来了希望。它之到来犹如欢乐的黎明，结束了束缚黑人的漫漫长夜。

然而100年后的今天，我们必须正视黑人还没有得到自由这悲惨的事实。100年后的今天，在种族隔离的镣铐和种族歧视的枷锁下，黑人生活备受压榨。100年后的今天，黑人仍生活在物质充裕海洋中一个穷困的孤岛上。100年后的今天，黑人仍然蜷缩在美国社会的角落里，并且意识到自己是故土家园中的流亡者。（马丁路德·金《我有一个梦想》）

在这里，100年前黑人的美好愿景与100年后的悲惨现实互相映衬，形成了鲜明对照，给人以强烈的情感冲击。

（4）关键词串联式

关键词源于英文"keywords"，特指单个媒体在制作使用索引时，从内容里面挑选出来的重要词汇。就演讲稿而言，简单说就是演讲稿中最重要的词汇，即对演讲稿的构思立意和抒情说理起关键作用的某一个或某几个重要词语。在一篇演讲稿中，关键词可以是一个，也可以是多个。

①单个关键词

单个关键词，指的是一篇演讲稿的内容围绕一个关键词展开。2006年，杨澜应邀在北大医学部以"成长，你唯一的把握"为题的演讲，她开头这样讲：

在我来之前，曾委托院方向同学们征集问题。我注意到大家都希望我来谈谈"如何成功"这个问题。说实在的，这个题目，让我感觉很惶恐。首先现代社会的多元化，对于什么是成功，没有一个统一的说法。我不敢肯定自己是不是成功。因为一个人的成功与否更多的是你周围的人对你的评价和判断。正如古人所说：是非审之于己，毁誉听之于人。的确，毁誉就不是自己能说了算的。再者我认为所谓的成功，在很大程度上取决于机遇，外界的环境等等的影响，很难在人与人之间进行一种简单的复制。甚至可以说，成功是难以把握的。成功是一种结果，而今天，我更想谈一谈这个过程，也就是成长。对于我来说，我有一个很深的体会就是：人生在世，你唯一能够有把握的也就是成长。因此，我把"成长：你唯一的把握"作为今天与大家交流的题目。

很明显，杨澜的演讲为了回答"如何成功"这个演讲前征集的问题，其构思必须有一个巧妙的切入点，所以杨澜抓住征集来的问题，从成功的定义、条件两个方面来说明成功"没有一个统一的说法"，很难"进行一种简单的复制"的观点，以此解释对"如何成功"的理解与看法，并在此基础上以自己"很深的体会"避开"如何成功"的话题，代之以"成功"的过程就是"成长"。显然，"成长"这个词语，无疑成为这次演讲的关键词，为后面演讲打开思路的闸门，"成长"的话题自然也就成为听众关注的亮点，没有成长，哪有成功？

②多个关键词

多个关键词，指的是一篇演讲稿的内容可以提炼多个关键词。这些关键词，不仅可以使演讲稿的层次更加清晰、结构更加严谨，而且能够让演讲稿的主题思想更加鲜明、更加突出，让听众凭借关键词在短时间内记住演讲的内容和观点。一般说来，多个关键词之间构成三种逻辑关系，即：平列关系、从属关系、因果关系。例如，以"初心、自信、奋斗、收获"为关键词的演讲稿，四个关键词在写作时，其结构有三种思路：

一是并列关系。这种结构布局，四个关键词在层次之间的关系不分主次、并列平行的，是分别从四个侧面来表达观点的。但四个关键词必须殊途同归，提炼出一个共同的主题，通过各关键词之间与全篇之间的内在逻辑关系，达到结构布局的系统化，在通过由表象向本质的过渡的基础上，也就水到渠成地在脑海中归纳、概括出所要表达的观点。对此，先围绕四个关键词中的一个确定立意，以"奋斗"为例，我们可以"决不轻言放弃"确立主题，因为不忘初心是"决不轻言放弃"的动力、充满自信是对"决不轻言放弃"的坚持、艰苦奋斗是"决不轻言放弃"的过程、收获成功是"决不轻言放弃"的结果，演讲稿的撰写可以围绕"决不轻言放弃"展开。

二是从属关系。这种关系是形式逻辑中两个概念的外延之间的关系，即一个概念的外延包含着另一个概念的全部外延。如苹果、雪梨、枇杷、水蜜桃等都是水果，也就是说，"水果"这个概念的外延，包含了"苹果、雪梨、枇杷、水蜜桃"概念的全部外延，它们与水果构成从属关系。同样道理，我们如果把"初心、自信、奋斗、收获"这四个关键词作深度对比，不难发现"自信、奋斗、收获"这三个关键词，都可以理解为都是"初心"的外在表现。也就是说，应为有了"初心"，才有了自信、奋斗和收获。从这个意义上说，"自信、奋斗、收获"这三个关键词的外延从属于"初心"。在撰写演讲时，可以只围绕"初心"来写。

三是因果关系。"不忘初心，方得始终"，这是一种因果关系。因果法则决定我们能走多远，越掌握因果关系越明白，在"因"上努力的重要性。"因"代表的是纯正的初心，需要明白，只有坚守初心，内心才能强大，才有足够底气的自信，并不断为之奋斗，最终取得"收获"这个"果"。"初心"和"收获"是始和终，是"因"和"果"。"自信"和"奋斗"是连接始和终的桥梁，只有一颗不变的追求"初心"，并在"自信"的坚持下开拓创新，勇往直前，才能成全一份"始终"。"因""果"之间在内容表达上应上下连贯，有适当的过渡和照应。正如美·爱默生所说："原因与结果、手段与目的、种子与果实是无法割裂的。因为结果孕育在原因之中，目的事先存在于手段之中，果实隐含在种子之中。"

四是递进关系。这种结构，在这里指的是"初心、自信、奋斗、收获"四个关键词，在演讲稿写作的思路中，它们之间的的层次关系式是层层深入、步步推进，或由一般到特殊，或由现象到本质，或由原因到结果，它不但要求要体现作者思维的清晰性，而且还要反映作者思维的深刻性。这种演讲稿在结构上，先后次序不能互换，内涵上要层层先后蝉联。

3. 豹尾。明代学者谢榛在《四溟诗话》中强调："起句当如爆竹，骤响易彻；结句当如撞钟，清音有余。"明代学者黄政枢在《春觉斋论文》中也说："好的结尾，有如咀着干果，品尝香茗，令人回味再三。"由此可见，演讲的开头重要，演讲的结尾也同样如此，别出心裁的结尾往往是演讲稿的画龙点睛之笔，写作时要像豹尾那样刚劲有力，能引发听众不断回味与思考。演讲稿的结尾没有固定的模式，或总括全文，或首尾呼应，或升华主题，或展望未来，或提出希望，或以哲理名言收篇，或以诗句结尾，或以幽默语言轻松调侃。演讲稿的结尾方式很多，总之要干净利索、简洁有力，言有尽而意无穷，余音缭绕而三日不绝。例如：

（1）总括全篇，强化主题

苏格拉底说："对于演讲的结尾……就是说总结性地将讲过的内容再重复一遍，将同样的内容，用不同的话再讲一遍。"这样可以起到加深印象，突出中心，强化主题，画龙点睛的作用。2009年8月29日，柴静在人民网演播厅以《认识的人，了解的事》为题的演讲，其结尾这样写道：

一个国家是由一个个具体的人构成的，她由这些人创造，并且决定。只有一个国家拥有那些能够寻求真理的人，能够独立思考的人，能够记录真实的人，能够不计利害为这片土地付出的人，能够去捍卫自己宪法权利的人，能够知道世界并不完美但仍不言乏力，不言放弃的人，只有一个国家拥有这样的头脑和灵魂，我们才能说我们为祖国骄傲。只有一个国家能够尊重这样的头脑和灵魂，我们才能说我们有信心让明天更好！

柴静的这篇演讲稿，结尾言简意赅，以三个"只有"、七个"能够"概括了演讲的主题，不失精彩而易于引发听众共鸣的语言洋溢着作者的执着，表达了对民生的关怀、对社会的关注的认识。排比句的运用，既增强了表达的语势，把演讲推向高潮，又使主题的显露委婉隽永。

（2）首尾呼应，突出中心

写文章讲究开头与结尾相互照应，以起到突出中心，强化主题的作用，演讲稿也是如此，在结尾处强调开篇时提出的主题，以进一步加深听众的印象。

（3）激情鼓动，催人奋进

这种结尾，运用一些感情激昂，富有鼓动性的语言表达，把演讲推向高潮，引起听众的共鸣，以进一步激起听众的情绪、信念，点燃情感"火焰"，激起听众感情的波涛，激励他们奋起行动。许吉如在《我是演说家》的舞台上，以"国强则少年强"演讲征服了观众。结尾处她这样说：

今日之中国固然强，但今日之中国少年，唯有更强。因为只有这样我们才能骄傲地回应，一百多年前梁启超先生的期盼，告诉他：告诉他："少年强则国强，中国强则中国少年更强。中国强，就是因为——少年强！"

这样一种强化的、充满力量的结尾，语言刚劲有力，发出了时代的最强音，既充满自信，又创造了一种自强不息的磅礴气势，如号角、似战鼓，蕴蓄着一种充足的气势和无可辩驳的理性力量，激情洋溢，仿佛激流奔涌，激起了观众的爱国之情，富有鼓动性，收到了很好的效果。

（4）展望未来，鼓舞斗志

这种结尾，演讲者通过自己的意志情感，以慷慨激昂、扣人心弦的语言，创造出一种发人深思、感人奋进气势，在鼓动、动员、号召中使听众的精神为之一振、热血为之沸腾、情绪为之高昂，从而使听众产生一种蓬勃向上的力量。柴静《认识的人，了解的事》以汪洋恣肆、澎湃汹涌的激昂文字放在篇章的结尾：

一个国家是由一个个具体的人构成的，她由这些人创造，并且决定。只有一个国家拥有那些能够寻求真理的人，能够独立思考的人，能够记录真实的人，能够不计利害为这片土地付出的人，能够去捍卫自己宪法权利的人，能够知道世界并不完美但仍不言乏力，不言放弃的人。只有一个国家拥有这样的头脑和灵魂，我们才能说我们为祖国骄傲。只有一个国家能够尊重这样的头脑和灵魂，我们才能说我们有信心让明天更好！

（《国际先驱导报》2010 年 8 月 16 日）

结尾运用节奏紧凑的短句和整齐的排比句，文字铿锵有力，态度鲜明坚定，表达了火山爆发般的激情，对听众产生了强烈的感召力量，富有很强的号召力。

（5）含蓄深沉，留有余韵

美国约翰·沃尔夫说过："演讲最好在听众兴趣到高潮时果断收束，未尽时戛然而止"。这种"留余味"的结尾方式，大多见于深沉型的演讲，感情深沉，风格凝重，余音绕梁，不绝于耳。

第三节　语言技巧

一篇好的演讲稿，其语言的表达"技巧"，除了要简洁明了，通俗得体，富有逻辑性外，还应追求语言的生动形象，即在传情达意和遣词造句等方面巧妙运用修辞手段，以增强演讲稿语言的感染力。下面介绍几种在演讲稿写作过程中常见的修辞手法。

一、比喻

比喻，就是用人们熟知的有相似之点的事物或形象来描述人们不熟悉的事物或对象，以便把要表达的事物或道理反映得更具体、更贴切、更生动和更富有感染力，使听众在轻松的氛围中听得明白，从而留下深刻印象，接受演讲者所传达的主题思想。例如，《在马克思墓前的讲话》这篇演讲稿在论述剩余价值理论的发现时，恩格斯说：

由于剩余价值的发现，这里就豁然开朗了。而先前无论资产阶级经济学家或者社会主义批评家所做的一切研究都只是在黑暗中摸索。

这里，恩格斯把剩余价值的发现比喻成黑暗之后猛见光明的"豁然开朗"，而先前所做的一切研究都"只是在黑暗中摸索"，把发现剩余价值这一理论的划时代意义准确而生动地告诉人们，表达了对马克思无限敬仰和深切悼念的情怀。

二、双关

双关就是有意识地使用同一个词或同一个句子，在同一个语言环境中兼有两种意思，也就是利用词的多义性或同音的条件，使话语的含义不仅表现在某个词或某个句子的字面意义上，而蕴含在某个词或某个句子中的言外之意，才是要表达的真正含义，即表面说的是一种意义，实际指的是另一种意义。一语双关，既能化解尴尬，又能使话语含蓄、幽默，饶有风趣，还能加深语意，引人思考，给人以深刻的印象。例如，美国黑人领袖约翰罗克在面对白人听众关于解放黑人奴隶的演说时，他是这样开头的：

女士们、先生们——我来到这里，与其说是发表讲话，还不如说是给这一场合增深了一点"颜色"。

这里，约翰罗克一语双关，不仅能营造了轻松的环境，还能在轻松的氛围中消解因种族文化差异而构成的心理情绪，缩短演讲者和听众的心理距离，为演讲的成功奠定了良好的基础。

三、引用

"他山之石，可以攻玉。"引用就是直接借用某些原始资料、典型的原话或成语、典故、格言等来更好地说明问题，以增强说服力和演讲的动人色彩。例如，1929 年，胡适为中国公学即将毕业的同学做了题为《不要抛弃学问》的演讲，在演讲末尾，胡适引用道：

易卜生说：你的最大责任是把你这块材料铸造成器。学问便是铸器的工具，抛弃了学问便是毁了你自己。再会了！你们的母校要眼睁睁地看你们十年之后能成什么器。

胡适的演讲已经阐述完毕，打算收束，引用的这句名言为自己总结，并且易卜生是当时学生心目中的大名人。名言一出，听者为之一振，胡适也就顺理成章地谈出自己的结论了。

四、排比

写演讲稿时，恰当地运用排比这种修辞手法，能增强演讲以气势感人的表达效果。在语言表达中，用三个或三个以上的意思密切相关、结构相似、语气连贯的短语或句子连放在一起，这就是排比。这种修辞手法，语意表达层次清晰，句式整齐，语调铿锵，节奏感强劲。人们在情绪激昂时，常常会有一而再、再而三地表达类似情感的心理惯性，排比实质上就是这样一种心理惯性的产物。正因为如此，排比的运用总是能有效地调动听众的情绪，使他们受到鼓舞。例如，美国黑人民权运动领袖马丁·路德·金于 1963 年 8 月 28 日在华盛顿林肯纪念堂发表的《我有一个梦想》的演讲：

我梦想有一天，这个国家会站立起来，真正实现其信条的真谛："我们认为这些真理是不言而喻的，人人生而平等。"

我梦想有一天，在佐治亚的红山上，昔日奴隶的儿子将能够和昔日奴隶主的儿子坐在一起，共叙兄弟情谊。

我梦想有一天，甚至连密西西比州这个正义匿迹，压迫成风，如同沙漠般的地方，也将变成自由和正义的绿洲。

我梦想有一天，我的四个孩子将在一个不是以他们的肤色，而是以他们的品格优劣来评价他们的国度里生活。

我今天有一个梦想。

我梦想有一天，亚拉巴马州能够有所转变，尽管该州州长现在仍然满口异议，反对联邦法令，但有朝一日，那里的黑人男孩和女孩将能与白人男孩和女孩情同骨肉，携手并进。

我今天有一个梦想。

我梦想有一天，幽谷上升，高山下降，坎坷曲折之路成坦途，圣光披露，满照人间。

演讲的结尾处，作者连用六个"我梦想有一天"，以酣畅淋漓的段落排比句式，表达了演讲者对自由和平等的渴望，抒发了他作为一个黑人内心最热烈的梦想，情感犹如长江大河，一泻千里，不可阻挡，具有极强的感染力

四、设问

现实生活中，有些已经司空见惯问题，人们往往见怪不怪，视而不见，未能从深层次去发现它的严肃性和危害性。写演讲稿时，设问这种修辞手法运用，对这种"见怪不怪"的问题，具有很强的震撼力。"廉政建设"演讲获奖的《都是"红包"惹的祸》，作者张悦华洞幽烛微，从人们习以为常的事物中，发现足以醒世的重大问题，在演讲稿中第五、六、七段分别用三个设问句开头："'红包'真的能带来快乐吗？""'红包'真的能带来幸福吗？""'红包'真的能带来友谊吗？"，这样的设问，一问惊人，有震撼心灵之力，就像投出一枚重型炮弹，让听众惊心动耳，很自然地引导听众去作深刻的思索，极大地吸引了听众的注意力。作者结尾写道："同志们，朋友们，假如以你一生的名誉为代价，去换取几个'红包'，你说值得吗？假如以你家庭的幸福为代价，去换取几个'红包'，你说值得吗？"这一问，启迪人们去深思，有了触及灵魂的反思，才能强化人们重新认识"红包"这样一个严肃的问题。

五、夸张

作为一种故意"言过其实"的修辞手法，夸张是为了达到某种表达效果的需要，运用丰富的想象，对事物的形象、特征、作用、程度等方面着意作出一种大大超出其本来状态和实际程度的夸大或缩小的描述。在演讲中运用夸张修辞手法，大多是基于烘托现场气氛，强化思想情感，以突出事物特质，引起听者的注意，加深心理印象，从而引发听众丰富的联想和强烈的共鸣，或出于迫切想要传达自己的见闻和感受，于是在这种情绪的推动下对事物做出夸大或缩小的描绘。里根在与布朗竞选

加州州长时，他的演讲对物价上涨加以猛烈抨击：

夫人们，你们都知道，最近，当你们站在超级市场卖芦笋的柜台前你们就会感到，吃钞票比吃芦笋还便宜一些。你们还记得当初你们曾经认为没有什么东西可以代替美元吗？而今天美元却真的几乎代替不了什么东西了！

夸张"言过其实"，但又不虚假，这才是夸张的真谛。里根对美元贬值的夸张，不仅揭示事物的本质，还能增加感染力，激起选民们对物价上涨的不满和对当政者的不满，从而达到选民们支持他的目的。

六、讽喻

讽喻是一种文学创作中的表现方法，用比喻进行讽刺，也是一种修辞方法，带有讥讽风格的比喻，一种用比喻进行讽刺的语言方式。陈望道《修辞学发凡》认为："讽喻是假造一个故事来寄托讽刺教导意思的一种措辞法"。由此可见，是借助讲故事这个极具吸引力的方式来表情达意说理的。

七、反问

反问是一种以疑问句式来表达确定意思，旨在增强语势，激发感情的修辞方法。反问这种修辞手法，无疑而问，明知故问，答案已在其中，所以无须回答。反问的基本形式有两种，即：用否定句来反问，表达的是肯定的意思；用肯定句来反问，表达的是否定的意思。

八、综合运用修辞格

一篇好的演讲稿，为了强化听觉的效果，增强演讲的感染力，修辞的运用往往不是单一的，而是巧妙地综合运用多种修辞技巧。在英国首相丘吉尔的就职演讲中，有这样一段演说：

我没有别的，只有热血、辛劳、眼泪和汗水贡献给大家。……你们问：我们的政策是什么？我说：我们的政策就是用上帝所能给予我们的全部能力和全部力量在海上、陆地上和空中进行战争；同一个在邪恶悲惨的人类罪恶史上从未见过的穷凶极恶的暴政进行战争。这就是我们的政策。你们问：我们的目的是什么？我可以用一个词来答复：胜利——不惜一切代价去争取胜利，无论多么恐怖也要去争取胜利；无论道路多么遥远和艰难，也要去争取胜利；因为没有胜利，就不能生存。

在这段演说辞中，集中了丘吉尔的饱满深情的爱国之情，简单、质朴的语言里包含了排比、反问、比喻等修辞手法，充满了力量。这次演讲最终让丘吉尔以381票对0票的绝对优势获得胜利。

第三章
控场艺术

在充满竞争的快节奏的现代社会，知识、技术的冲击波把人们的生活带入一个全新的时代。在这个时代中，信息技术发展迅速，生活节奏越来越快，工作要求越来越高，竞争愈演愈烈，经常会出现心有余而力不足的情况。造成这种现象，除了经验、能力、知识等原因外，还有关键的一点，那就是"压力"。从生理角度讲，一个人如果长时间处于心理、工作与生活压力下，会造成内分泌功能失调及免疫力下降，久而久之，就会导致人的情绪不稳定，最终影响演讲的正常发挥。因此，演讲者要想取得良好的演讲效果，就必须掌握基本的控场技术。控场技术即控场技巧，它是演讲者对演讲场面进行有效控制的技能和方法。

第一节　控场的技巧

在社会生活活动中，无论是演讲、面试、谈判，还是营销、竞聘、主持、辩论、述职等，这些场合都有一个共性，即都需要进行口头表达。无论是哪种活动的口头表达，都可以视为是一种特殊的演讲。优秀的演讲者不仅要把握演讲的核心思想，还要善于察颜观色，把握听众的心理变化、爱好要求，及时调整自己的演讲思路和内容。因此，它要求演讲者要有超强的应变掌控能力，而这种应变掌控能力就是控场能力。

一、控场能力的含义及其能力的构成要素

（一）含义

从短语的类型看，"控场"是一个动宾结构的词语。"控"是动词，是"控制、节制、驾驭"的意思，而"场"是名词，意思是"场面，场所、场合"。"控场"

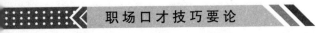

就是控制、掌控活动场面、场合。由此可见，控场能力指的是在各种演讲场景中，调动听众的情绪，集中听众的注意力，创造良好的气氛，所必须具备的技巧，即演讲者对演讲场面进行有效控制的技能和办法，或者说是演讲者对演讲场面整体掌控的能力。这种能力促使演讲者成为"演讲的主人"，对演讲进程中的环节、话题、时间等都了如指掌，进行全面控制。

根据演讲场面的实际情况，控场能力可分为两类，一是"常规控场"，这是就演讲者而言的，演讲者为了使演讲能达到满意的效果，除了要注意演讲内容的条理和逻辑，以及演说词的流畅与清晰外，在演讲的过程中，还要运用自身风格和特色，把控自己的情绪和演讲场面的氛围，促使演讲在掌声中顺畅结束的能力。二是"应变控场"，这是就听众情绪或技术层面问题而言的，即演讲过程中，出现预案剧本之外的突发状况，比如表演者失误引发的听众的情绪、注意力及场面气氛和秩序的变化，或现场技术方面出了故障等，演讲者运用临场应变的能力，巧妙的圆场补台，使演讲平稳过渡，最后顺利进行并完成的能力。

（二）控场能力的构成要素

1．先进的、与时俱进的思想

当今而言，一个演讲者的成长与发展，没有先进的、与时俱进的思想认识，以及由此形成的世界观、人生观和价值观，是无法控制听众的情绪的。随着科技的发展和社会的进步，必须了解普通大众的心理状态和情绪需求，这样才能保证演讲符合社会主流思想。历史上许多著名的演讲家，如西塞罗、林肯，以及我国的文学大师闻一多、鲁迅等，都是在先进的、与时俱进思想中启迪听众，并焕发出演讲的光芒。

2．高尚的道德品质

如果说先进的、与时俱进的思想是演讲者控场能力的一大基石，那么演讲者的道德品质就应该是这块基石的另一个支撑点。因为演讲者的演讲目的是要教育人、影响人、感召人，除了弘扬与时俱进的先进思想外，还要以身作则，树立典范，做一个具有高尚道德品质的传播者，只有这样才能展现演讲者的人格美，才能让听众看到演讲者身上闪耀的道德光辉，才能为听众所认同。

3．深厚的知识储备

深厚的知识储备是成功演讲的前提或保证。只有拥有深厚的知识储备，才能在演讲中充分阐述自己的思想观点，自如地驾驭和控制演讲的文化内涵与品位。古今中外的演讲家，无一不是学识渊博之人。他们在演讲中旁征博引、妙语惊人，让听众感到内容丰富，绚丽多彩，新颖有趣，久听不厌，心扉顿开，都是他们博览群书，知识渊博的显现。

4．丰富的驾驭话题经验

演讲的核心是话题，所有的演讲内容紧紧围绕话题展开。经验是演讲者针对某一话题的演讲，通过对成功因素的分析和研究，上升为理性认识，从而归纳概括出来的做法、体会、规律。演讲者的演讲过程，对话题的驾驭能力，直接影响着演讲质量。演讲者要有效地调动听众情绪，集中听众的注意力，就需要演讲者对话题进行有必要的补充、说明、引导、加深等，使演讲更加具有深度及广度。从这个意义上说，在演讲过程中，这就需要演讲者要有丰富的驾驭话题不偏离主题的控场经验。

5．临场不惊的应变心理

临场不惊的应变能力，是好口才的其中一项重要特质。所谓临场应变，是指在演讲过程中，面对一些意想不到的情况突然发生时，演讲者采取有效的措施，迅速、果断加以排除和平息，从而使演讲能够如期继续。

无论遇到什么意外情况，演讲者的情绪波动都维持在一个相对稳定的水平，这种不慌不忙的心理状态，就是临场不惊的表现。这种临场不惊的心理，对于是否能够灵活机动地处理演讲过程遇到的障碍，起到决定性的作用。

二、形象控场

人的第一印象往往是由外在形象决定的，演讲者一经上场，就会把自己的形象诉诸听众的视觉，因而形象犹如一张名片，直接影响着听众对演讲者的态度和行为。演讲者的形象是演讲者内在的品质、修养、学识及个性等的外在体现，是演讲者的仪表、举止、礼貌、表情、谈吐等的综合反映，也是演讲者向听众展现自我的一个综合印象。从心理学的角度看，它是通过听众的观察、聆听、接触等各种感觉形成对演讲者的整体印象。

一个穿着得体整洁的人，可以直观地让他人解读出这个人的教育、气质、品质、学识等，在社交中就会占据先机，赢得对方尊重。反之，一个穿着邋遢的人，不可避免让人产生反感，甚至使人一见之下顿生厌恶。莎士比亚说："衣着是人的门面。"人际交往中"第一印象"决定了自己能否赢得别人的尊重。

1962年，在英国伦敦一个著名贵族举办的豪华宴会上，有一位中年男子出尽了风头。他举止言谈优雅迷人，令在场的所有女士都对他倾心，男士也都对他产生极大的兴趣和好感。人们纷纷相互打听，想和他结识。而那人在这次宴会上也收获颇丰，不仅签下了40多单生意，结交了很多朋友，还找到了他的终身伴侣。

这名男子就是当时英国著名的房地产商柯马·伊鲁斯。他的妻子艾琳娜后来在自传中这样描述他们的第一次见面："很明显，他不是我心目中理想的丈夫形象，但是看到他俊朗的面孔、清澈的眼睛，听到他充满磁性的声音，我就怦然心动了，可关键不是这样，关键是他身上散发出的一些独特的、说不清的东西，这东西令我真正地心迷神醉……我对他一见钟情，决定要嫁给他。"柯马·伊鲁斯的商业伙伴梅德也是从这次宴会上认识他的，他们后来终生合作，非常默契。梅德曾这样评价他："他简直是个魔鬼，他身上散发着一种能够征服任何人的魔力。"

事实上，柯马·伊鲁斯在 12 年前就来过伦敦，并出席了一个由商会举办的小型聚会。但在那次聚会上，柯马·伊鲁斯不仅受到了嘲弄，还被侍从当成鞋匠给赶了出去。愤怒的柯马·伊鲁斯一气之下离开了伦敦。那时的柯马·伊鲁斯还是个小人物，开了一家小水泥厂，整天勤奋地忙来忙去，根本无暇顾及自己的形象。为了扩大生意，他千方百计弄到了一张商行聚会的邀请信，想混进去多结交一些人。可一进入聚会大厅，他就立即知道自己走错了地方。大厅装饰得金碧辉煌，男士们个个西装革履、彬彬有礼，女士们个个华服锦衣、优雅漂亮，柯马·伊鲁斯低头看看自己，一身油腻的、满是补丁的工作服，大胶鞋，乱发，简直像个乞丐。这时几位女士过来了，故意将酒洒在他身上，并趾高气扬地给他小费。侍从过来询问他，他讲明自己的身份，可是没人相信，而他拉一个认识他的人作证时，那个人不承认认识他，而说他是路边的鞋匠，于是他被当成混进来的鞋匠给赶了出去。

生气过后，柯马·伊鲁斯开始考虑自己为什么会受到这种待遇。自然，凭他的头脑，一下子就想明白了。他回到家乡后的第一件事就是参加了一个礼仪培训班，并高薪聘请了私人形象顾问。经过一番改造之后，就有了前面他一举成名的一幕了。

形象的好坏并不代表能力高低，但是却可以帮助你在控场方面起到推波助澜的作用。卡耐基在《人性的弱点》一书中说："让你的衣着得体，但不需要昂贵。"衣着朴素具有最大的魅力，一个外貌整洁、干净利落的人站在台上，总会给人精神焕发、充满自信的印象，容易成为全场的焦点，有助于增强人际间的吸引力，能够让你建立自信，轻松驾驭各种场合。

三、开场控场

演讲的开场是一次沟通的破冰，也是一次心灵的解锁。开场决定收场。演讲无论以怎样的方式开场，一开始就要控场，如果开场未能把控住整个场面，调动听众的积极情绪，让听众注意力集中的话，也即抓不住人心，那么接下来就会遇到种种阻力，演讲效果自然大打折扣。

（一）大方亮相

演讲者一旦出场，即是亮相，上场时务必大方自然，控制好身体形态、手势动作、眼神表情这些最初的情绪化信息，因为最初的情绪化信息是演讲中重要的信息交流手段。亮相大方，它是最初的情绪化信息的无声宣示，在制造演讲气氛，稳定演讲者与听众双方的情绪，蕴蓄演讲的爆发力方面具有很大的作用。演讲是激情的迸发，智慧的流淌，思想的憧击，来不得半点扭捏作态。缩手缩脚或扭捏作态，乃是上场亮相的大忌。自然活泼，大方自然，才能帮助自已增强信心，解除不必要的紧张。

（二）求稳莫急

演讲者出场后，不要急于开口。然而，现实并非如此，大多演讲者特别是一些初学或没有经验的演讲者，认为一上台就要讲话，就迫不及待拿起麦克风开讲。如果能打破这种思维惯性，上台先不要着急讲话，而是先在台上站好，环视一下全场，或点头、或微笑、或行礼，这样既能消除紧张气氛，又能引起听众的注意，把目光回归到演讲者的身上，台下就会安静下来，静候演讲者开始演讲，这时再开始进入"开场白"，则演讲可能会有出其不意的效果。

（三）扣人心弦的开场白

"万事开头难"，而"良好的开头是成功的一半。"演讲的开场控场，除了大方亮相、求稳莫急外，一个好的开场白也是一个非常重要的影响因素。奥地利的乐团指挥韦勒说："如同有'招眼'的东西一般，也有'招耳'的东西。首先，对于演讲者而言，有决定意义的是要获得听众的好感，引起他们的注意，开场白就是沟通演讲者和听众之间的第一座桥梁"。这位音乐家指出，演讲者的开场白必须"招耳"，即引起听众的注意，获得他们的好感。由此可见，一个引人入胜开场白，才能拨动听众兴奋的神经。

四、眼手结合

演讲者不仅要把目光、动作的变化作为表达感情的一种方式，而且要把它作为吸引听众注意力的重要手段。在运用目光、动作的时候，要做到动静相兼、两者结合。如果目光一直游移不定，或动作过于频繁，都会引起听众的不适。

（一）目光的运用

美国的第四十任总统里根是演员出身，拥有高超的表演技巧，每次演讲他都能充分运用目光语。他的目光有时象聚光灯，把目光聚集到全场的某一点上；有时则象探照灯，目光扫遍全场。因此有人评价他的目光语是一台"征服一切的戏。"他是如何做到的呢？参考一下以下几种方法：

1. 环视法：有节奏或有规律地把视线从听众的左方扫到右方，从右方扫到左方或从前排到后排，从后排到前排。视线每走一步都是弧形，弧形又构成一个整体

——环形。这种方法要注意中间的过渡，由于其视线的跨度大难免有为视线而视线之嫌，演讲时要注意衔接。这种方法主要用于感情浓烈、场面较大的演讲。

2．侧视法。用"z"形或"s"形运用视线。此法在诵读中用得较多。

3．点视法。在处理特殊的情感与观众的不良反应时，可大胆运用此法，对制止听众的骚动情绪有很大好处。

4．虚视法。即"眼中无听众，心中有听众"。这种方法在演讲中使用频率很高，尤其是初学的演讲者可以用它来克服自己的紧张与分神的毛病，而不至于使自己怯场。这种方法还可以用来表示演讲时的愤怒、悲伤、怀疑等感情。

5．闭目法。人一般是每分钟眨眼五至八次，如果眨眼时间超过一秒钟就成了闭眼。演讲中讲到英雄人物英勇就义，演讲者和听众极度紧张，心情难以平静时，可运用此法。

6．仰视法和俯视法。在演讲时不要老是注意听众，可以根据内容运用仰视和俯视，如表示长者对后辈的爱护、怜悯与宽容时，不时把视线向下；表示尊敬、撒娇或思索、回忆时可视线向上。要特别说明的是：视线的运用往往是各种方法综合考虑、交叉动用的，同时要按照内容的需要，紧扣感情的节拍，配合有声语言和手势、站姿等立体进行，切莫囫囵吞枣，照搬全抄。

（二）手势的运用

在现实生活与工作的交流沟通中，手势的运用是最普及、最常见、最频繁的，掌握了基本的手势语，有利于控场。下面是几种手势语的表达与意思：

1．伸手（手心向上，前臂略直，手掌向前平伸）——表示请求、交流、许诺、谦逊、承认、赞美、希望、欢迎、诚实等意思。

2．抬手（手心向上，手臂微曲，手掌与肩齐高）——表示号召、唤起、祈求、激动、愤怒、强调等。

3．举手（五指朝天，前臂垂直，手掌举至头部）——表示行动、肯定、激昂、动情、歌颂等。

4．挥手（手臂向前，手掌向上挥动）——表示激励、鼓动、号召、呼吁、前进、致意等。

5．推手（手心向前，前臂直伸）——表示坚决、制止，果断、拒绝、排斥、势不可挡等意。

6．压手（手心向下，前臂下压至下区）——表示要安静、停止、反对、压抑、悲观或气愤等。

7．摆手（手心对外，前臂上举至中区上部）——表示反感、蔑视、否认、失望、不屑一顾等。

8. 心手（五指并拢、弯曲，自然放在胸前）——表示自己、祝愿、愿望、希望、心情、心态等。

9. 侧手（手掌放在身体一侧，手心朝前）——表示憎恨、鄙视、神秘、气愤，指示人物和事物等。

10. 合手（两手在胸前由分而合，双手合一）——表示亲密、团结、联合、欢迎、好感、接洽、积极、同意等。

11. 分手（两手在胸前由合而分，双手打开，做另一手势状）——根据打开后手势的区域不同分别表示空虚、沉思、消极（下方），赞同、乐观、积极（中部），兴奋、赞美、向上（上方）等。当然，除了以上手势外，一些特殊的动作同样能达到控场的效果。

1983 年秋，冯玉祥将军到湖南向几万人发表演讲，鼓励他们抗日。冯玉祥将军出场时，只见他左手握着一株小树，将一个草编的鸟窝放在树枝的丫间，鸟窝里有几个鸟蛋。下面人都愣了，不知将军这是要干什么。这时，冯玉祥将军开口说话了，他说：“大家知道先有国家，然后才有小家，才有个人的生命的保障。我们的祖国遭到了日本帝国主义的侵略，我们都有要用自己的双手保卫她，那就是起来反抗。如果不抗日——”说到这里，他的手一松，树倒了，窝摔了，蛋破了……

在这里，冯玉祥将军用小树比作国家，用鸟窝比作家庭，用鸟蛋比作个人，用握着小树的那只手比作捍卫国家的人，以实物展示，真实生动，增强了说服力。

五、脱离讲稿

在演讲时，如果拿着稿子讲，那不是演讲，那是读稿。从听众的角度来说，不但听起来兴趣索然，连动作、表情、眼神的交流都没有，演讲者更不知道台下的听众有何反应，根本没有任何感染力。因此，演讲要求必须脱稿，在脱稿演讲时，演讲者脱离了讲稿的束缚，可以随时跟听众进行动作、表情、眼神交流，表达自己的喜怒哀乐，同时还能根据听众的反应，及时调整自己的思路，或作相应的临时发挥，以调动听众的情绪。而脱稿演讲最怕忘词、卡壳，所以要做到“突然临之而不惊”，首先要打好“腹稿”，在表达上尽量口语化，在内容上结构要合理、清晰，过渡自然，自己写出来的稿件，印象自然深刻，这样更容易记忆，即便忘了词，有利于临时发挥，也不会卡壳。

人的成熟期差异甚大，有的人相当年轻就有很强的自控力，而有的人直至老年还缺乏相应的自控力。自控力是演讲的制胜法宝。脱稿演讲中，会遇到各种各样的演讲场合，碰到各种性格、各种层次的人，尤其是遭遇那些尴尬、冷场等不尽如意的场面时，一旦陷入陌生的环境，就会不知所措。这时，演讲者一定要善于控制自己的情绪，不可因为情绪而致演讲陷入僵局。因此，要有效地提高脱稿演讲中的自控力，演讲的过程中，可以随时调整思路和时间，还可以结合现场情况增减讲话内容，有话则长，无话则短，以免造成演讲者和听众的双重折磨。

六、变换节奏

《礼记》中记载："节奏足以感动人之善心。"孔颖达注曰："节奏，谓或作或止。作则奏之，止则节之。"可见，古人很早便已认识到节奏的重要性。古人写文章，提倡"谓如风行水上，自然成文"，一篇成功的演讲也是如此。要想让演讲生动感人，如何把握节奏呢？跌宕起伏的节奏，清晰响亮的语音，是成功演讲必须具备的特点。在内容安排上，要讲究疏密相间，讲究摇曳多姿的修辞方法的运用，使之形成抑扬顿挫、轻重缓急的情调和气韵波澜起伏，同时还要讲究长短句结合，以及晓畅通俗的口语与精妙优雅的书面语结合，幽默与严肃结合，简洁和反复交替使用。总之，要讲究语言的变化多端，既有波澜，又有起伏，时而轻松，时而严肃，在张弛有度的语言环境中，让喜怒爱怨从内心自然流露，以引起听众的共鸣和响应，从而感染听众。

当你在抒发和表达自己内心情感时，要做到"快而有章法，慢而有条理"；当表达内心的悲哀，或是在思索和回忆某些事情时，讲话的节奏就要放慢些，这样会给听众带来一种深邃感和沧桑感；当你在表达内心的愤怒、激昂、兴奋、迫切等情感时，可以用连珠炮式的演讲节奏，将内心的情绪传递给听众，以期能得到听众的共鸣。

七、设"悬"释"疑"

相传清朝铁齿铜牙的纪晓岚去给一个朝廷命官的母亲祝寿，不但没带礼物，而且去得很晚，当场吟起了他的祝寿诗。第一句是"这个婆娘不是人"，话音刚落，文武百官大惊失色。纪晓岚来了第二句"九天仙女下凡尘。"大家听后转怒为喜，喝彩不迭。接着第三句是"儿孙个个都是贼"。气氛再次紧张起来，第四句是"偷得蟠桃庆寿辰。"众人听罢，纪晓岚再一次获得满堂的喝彩声！短短四句，欲扬先抑，悬念迭生，跌宕起伏，吊足胃口。

那么，什么是悬念！就演讲来说，悬念是指能够唤起听众"穷根究底"的欲望的一种心理活动，这种心理的产生基础是演讲者在演讲过程中设置了能够引起听众强烈关注和急切期待的疑点。古代章回小说中"欲知后事如何，请听下回分解"，就是如此。在必要的环节设置悬念，一是为了避免叙事平铺直叙，使演讲波澜起伏，增强演讲的生动性和曲折性；二是为了激活听众"紧张与期待"的心情，牢牢地抓住听众的心,使演讲的情节发展更具有引人入胜的魅力。悬念的设置不能故弄玄虚,它包括"设悬"与"释悬"两个方面。"设悬"一般可以从两个层面入手,一是提出悬而未决的问题,设置谜面,把听众置于疑问之中,有了疑问,就有急于听下去以解开谜团的欲望;二是利用"悬"而有"念"的心理因素,层层铺垫,使听众产生急切求解的心理。前有"设悬"而后必有"释悬",通俗来说,就是把"设悬"藏起的谜底,在适当的时侯给予点破,拨开密布在听众心头的疑云,让听众获得心理上的满足和艺术上的享受。

演讲中悬念的设置,其方法多种多样,无论是开头、篇中,还是结尾,只要运用方法得当,就能大大地强化听众的视听印象,从而妙趣横生,出奇制胜,但有一点需要注意,无论是哪种方法设置的悬念,都必须扣住演讲主题,使悬念最大限度地发挥其奇功异效,切不可为了制造悬念而故意卖关子,把吊胃口变成倒胃口,这样反而会弄巧成拙。下面一个例子,是一个借助道具设悬的典型案例:

一名美国科学家在演讲时,给听众展示了一张奇特的照片,照片上是一个"怪物":圆溜溜的大脑袋上长满了尖硬粗壮的"头发",脸颊、下巴、脖子,甚至鼻子上都布满了稀奇古怪的胡须,眉毛则高高地倒竖着。面对这"怪物",听众一个个惊讶不已。"这个家伙到底是什么,有谁知道?"科学家一问,台下顿时沸腾。大家众说纷纭,莫衷一是。"请注意,它就在你们的脚底下!"科学家提高嗓门说。这时,台下仿佛"炸开了锅"。可不久,他们都面面相觑,大惑不解:"脚下什么也没有呀!""告诉你们吧,这就是加利福尼亚小黑蚁。谁都知道,它们在我们这里无处不在,随时可见,甚至这间屋子里可能就有成百上千!为什么这种小虫,在照片上会变成庞然大物呢?这是我们用最新的超高倍摄影机拍摄的!可是,我们的真正目的不是为了拍这种小玩意。请看它'脸蛋'旁边的小东西,又是什么呢?……"

他为什么要展示照片?照片上究竟是什么"怪物"?为什么说它"在听众的脚下"?一只小蚂蚁怎么会变成庞然大物?一连串的疑问,把枯燥的科学知识从"疑"入手,使听众产生强烈的求解欲望,在很大的程度上激发了听众的视听情绪。

八、临变不乱

由于各种原因,在演讲现场不可避免遭遇到各种突如其来的变故,出现诸如听众注意力不集中、情绪浮躁、会场骚动,或听众对演讲者的语言风格、外在形象评头论足等情况,这些都不利于演讲者自如地发挥。美国成功学家拿破仑·希尔关于心态的重大作用讲过这样一段话:"人与人之间只有很小的差异,但是这种很小的差异却造成了巨大的差异!很小的差异就是所具备的心态是积极的还是消极的,巨大的差异就是成功和失败。"为了避免出现听众逆反心理，作为演讲者，必须保持一个良好的心态，镇定自若，临变不乱，处乱不惊，根据不同的情况，采取不同的应变措施，及时予以调整控制。

一个混乱的场面如此迅速地得到改观，这其中，显然得力于普列汉诺夫的控场技巧。

演讲的控场技巧，并非上述所能囊括所有。它们的运用及其效果，也常受各种条件的制约。这就需要演讲者多借鉴他人经验，最重要的是自己多去琢磨和实践。

第二节　互动的技巧

一场精彩的演讲离不开与听众的互动，而如何互动才能成功更是重中之重，没有人能说清楚怎样互动才能达到最好效果，因为演讲者面对的是变化莫测的演讲场景，所以必须讲究方法技巧的运用。互动这个如此充满变数的行为就是如此。互动，是演讲者与听众之间传递信息的渠道，在演讲中，许多问题和矛盾的产生，都是因为互动不当或缺少互动而引起的。互动是演讲的重要手段，要想演讲更加出众、更加精彩，不仅要学会互动，还要了解互动技巧。演讲时与听众互动的方法有很多，下面介绍的是其中一部分。

一、走进听众席

演讲，只有演讲者与听众产生心理共振，才能在情绪上影响听众。一场精彩的演讲，演讲者如果能走进听众席，与听众"零"距离互动，或微笑，或握手，或挥手，或点头，不仅可以拉近距离，还可以增加亲切感。这种演讲形式，多见于一些特殊场合的演讲。

二、听众的主动参与

这里所说的"主动参与"，指的是听众不能仅仅是"被动"的听者，也要成为演讲的主体，主动举手参与互动，把被动的听者变为主动参与的听众。演讲的信息流不再是单向地从台上到台下，而是呈现双向式的流动，在演讲中不断变换着位置，达成了听众与演讲者之间更密切、更快捷的双向交流沟通。

苏霍姆林斯基说过："在人的心灵深处，都有一种根深蒂固的需要，就是希望自己是发现者、研究者、探索者，而在儿童的精神世界中，这种需要特别强烈。"这句话，也同样适用于演讲时对听众心理需求的诠释。因此，演讲者要留给听众主动参与的机会，通过问题的诱导，引导听众对演讲内容的自得、自悟，从传统的重"听"的意识转到现在重在参与的意识上来，把听众的自主发现、主动参与作为互动的出发点、支撑点，使他们在演讲中有生成性的互动，让每个听众都有闪现智慧的机会。

三、以"问"带"动"

在人们的观念中，演讲是演讲者在台上讲，听众在台下听，是由演讲者"告知"给听众的单向过程。其实不然，演讲实际上是一种台上台下"互动"的双向过程，即演讲者的"说"和听众的"听"的过程，也是一种沟通的过程，既然是沟通，那就得讲究彼此"互动"。简言之，台上演讲者在"动"，台下的听众也要"动"。这里的"动"，可以理解为"脑动""口动"和"心动"。没有互动就没有心动，没有心动就没有共鸣。

那么，台上台下如何"互动"呢？以"问"带"动"，就是其中的一种选择。演讲中，常常会出现一些意外，提问不但可以形成演讲者与听者之间的互动，从而激发听众的心理思考，还可以推动演讲的顺利进行，达到控场的目的。

某次演讲一开始，演讲者就大声说道："世界上总有一些事情，是你无法做到的！"台下顿时骚动。接着，演讲者问道："你能用自己的舌头舔到自己的胳臂肘吗？"话音刚落，人们纷纷伸出舌头，努力地舔自己的胳臂肘。"你能睁着眼睛打喷嚏吗？"听众又忙于尝试。"你能将唾液从牙缝里'滋'出来吗？你能竖起自己的双眉吗？你能让鼻子均匀地抽搐吗？你能让你的耳朵像兔子那样动起来吗？……"演讲者抛出一系列问题，每说出一个，人们都迫不及待地尝试，以证明自己能够做到。见时机成熟，演讲者哈哈一笑："我注意到，大都主动加入进来了，很多人还成功地做到了一些看起来几乎是不可能的事情，而这并非我要大家做的。一个人，能不能用舌头舔到自己的胳臂肘，能将唾液从牙缝里'滋'出来，有什么意义吗？没有。但是，几乎每一个听到这个问题的人，都忍不住去尝试。跟风，趋众，盲从，使我们一生中太多的时间、兴趣和精力，浪费在了一些毫无意义的事情上。而我们还以为自己在尝试，在努力。不从众，有主见，才是最重要的。"

这段演讲，演讲者一连串如此怪异的"问"，自然引起听众的疑惑，唤起他们的好奇，为了证明自己能行，可谓"互动"积极，再来面对"不从众，有主见，才是最重要的"这样的道理，想不服都不行。由此可见，以"问"带"动"的双向交流，为演讲者营造了说理的氛围，从而达到可能引发的听众负面情绪的控场目的。

四、幽默的智慧

我国"音乐泰斗"钱仁康曾说过:"幽默是一切智慧的光芒,照耀在古今哲人的灵性中间。凡有幽默的素养者,都是聪敏颖悟的。他们会用幽默手腕解决一切困难问题,而把每一种事态安排得从容不迫,恰到好处。"幽默感对于演讲者来说是至关重要的能力,休斯敦的一位演说家说:"据我了解,幽默的目的在于让听众喜欢上讲演的人。如果他们喜欢讲演的人,那么也必定喜欢他所讲的内容。"这就是说,运用幽默的力量去驾驭演讲,它不但能有效地拉近演讲者与听众的距离,还可以自始至终让听众保持兴趣和注意力,从而达到吸引听众、控住场面的目的。

(一)自嘲式幽默

自嘲就是"自我开炮",即用诙谐、戏谑、自我解嘲的语言巧妙地作"自我介绍",这样会使听众倍感亲切,无形中缩短了与听众间的距离。胡适先生在一次演讲中,是这样开头的:

我今天不是来向诸君作报告的,我是来"胡说"的,因为我姓胡。

话音刚落,听众大笑。这个开场白非常简洁,既巧妙地介绍了自己,又体现了演讲者谦逊的修养,激活了听众的气氛,缩短了演讲者与听众的心理距离。

谐语幽默开场,可根据不同的现场、不同的听众来选择相应的方式。美国黑人领袖约翰·罗克,1862年在一次面对白人听众的演讲会上,发起一场"解放黑人奴隶"的演讲时,一上台,他就笑着自嘲说:

女士们,先生们——我来到这里,与其说是发表讲话,还不如说是给这一场合增深了一点颜色。

面对全场都是白人的听众,作为黑人的约翰·罗克却要做一场解放黑奴的演讲,稍有不慎就会引起双方的矛盾冲突,其后果之严重可想而知。对此,约翰·罗克轻松诙谐,一开口就对自己的肤色做了一番自嘲解说,让人在忍俊不禁的同时发人深省。这样的开场白简洁而幽默,引起白人听众哄堂大笑,笑声瓦解了由于种族差异而造成的敌对情绪,融洽了演讲者与听众的关系,也使沉重的话题变得轻松自然,收得了"一箭三雕"之效。

(二)应变式幽默

事事都求"自然天成"为好,幽默也是如此。在演讲中临场应变时,幽默大多是临时起意的现场发挥,演讲者必须保持愉快的心情,接受各种不同的突发事件,灵活应变,这样更加"接地气""合时宜",让突发事件在演讲者的心中留下痕迹,成为幽默的"酵母",而幽默能瞬间调动场上的气氛,演讲成功和获得支持也就成了顺理成章的事。

1935 年 3 月 7 日，高尔基应邀出席苏联作协理事会第二次全体会议并讲话，当代表们听到高尔基的名字时，长时间热烈地鼓掌与欢呼，高尔基临场应变，即兴发挥，说道：

如果把花在鼓掌上面的全部时间计算起来，时间就浪费得太多了。

这个随机应变的开场白，与基辛格的经历有着异曲同工之妙，对演讲现场的情况轻松幽默地作了评价，使大家倍感亲切，而且也体现出高尔基良好的修养，从而吸引听众听下去。

临场发挥是一种技巧，更是一种智慧，它需要我们有冷静的头脑，能够时刻保持从容镇定，做到山崩于前面不改色，海啸于后心思坦然。文学家林语堂素有幽默大师之称。有一回，他应哥伦比亚大学之邀，作有关中国文化的演讲，他从衣食住行、文学、哲学等方面，对中国文化的博大精深加以赞赏。一个美国女学生忍不住语带挑衅地发问："林博士，您好像是说什么东西都是你们中国的好，难道我们美国没有一样东西比得上中国吗？"话音刚落，林语堂微笑着说："有的，你们美国的抽水马桶比中国的好。"举座喝彩。

五、情境互动

《现代汉语规范词典》对"情境"的注释：情境指某一段时间和空间许多具体情形的概括。"情境"本身是相对静止的，机智的演讲者与听众"感"的互染，"情"的互通，"思"的互促，总是巧借情境的设置，把"演"与"讲"融为一体，化静为动，使演讲溢彩生光。一个好的演讲情境，应该是有鲜明的目标指向，教育家陶行知先生非常善于演讲，在他一生无数次的演讲中，有一次别开生面的情境演讲，更是令人拍案叫绝。

1938 年，陶行知应邀到武汉大学演讲。那天，大礼堂里挤得满满的，不仅全校师生都来听，连附近学校的师生和各界人士都闻讯赶来，都想来一睹他的风采。

陶行知上台时，会场上响起了一阵热烈的掌声。只见他不慌不忙地拿着一个包走上了讲台，他戴着眼镜，穿着西服，未曾开口，先向全场扫视了一遍。大家屏息凝神，都望着他，等他开口说话。

出人意料的是，陶行知并没有讲话。他从包里抓出一只活蹦乱跳的大公鸡，台下听众一个个目瞪口呆，不知他葫芦里卖的什么药。接着，他从口袋里掏出一把米放在桌上。他左手按住鸡的头，逼它吃米，鸡只叫不吃。陶行知又掰开鸡的嘴，把米硬塞进去，鸡挣扎着仍不肯吃。接着，陶行知轻轻松开手，把鸡放在桌子上，自己后退了几步。只见大公鸡抖了抖翅膀，伸头四处张望了一下，便从容地低下头吃起米来。

这时，陶行知说话了："各位，你们都看到了吧！你逼鸡吃米，或者把米硬塞到它的嘴里，它都不肯吃。但是，如果你换一种方式，让它自由自在，它就会主动地去吃米。"

陶行知又向会场扫视了一圈，加重语气说："我认为，教育就跟喂鸡一样。老师强迫学生去学习，把知识硬灌给他们，他们是不情愿学的，即使去学也是食而不化，过不了多久，他还会把知识还给老师的。但是，如果让学生主动去学习，充分发挥他的主观能动性，那效果一定会好得多！"

陶行知讲完，把公鸡装进皮包，又向大家鞠了一躬，说："我的话讲完了。"便退下场去了。

听众一时还没有反应过来，但只是过了一会儿，大家恍然大悟，会场上便爆发出雷鸣般的掌声。

很多成功的演讲表明，演讲是演讲者在特定的时空语境中，面向听众表达演讲者思想情感，以期得到听众共鸣的言语交际活动。演讲者要想让自己的演讲快速吸引和感染听众，最有效的办法是，演讲要富有情境性和真切感，把听众带入特定的情境之中。因为只有具体、生动而又形象的情境描述，才能使听众产生身临其境之感，从而感染听众的情绪，产生强烈的共鸣，并获得心灵的陶冶和思想的启迪。

第三节　应对突发事件

所有的演讲都是一场精心准备的盛宴，演讲者的准备工作做得越细，演讲效果就越佳，但无论准备得多么细致，有些情况是始料未及、难以预测的，如果演讲者能够沉着冷静、机智应变，"虚惊"之后也许更精彩，而事实并非如此，不是所有的演讲者都能在突发的"生变"时及时"应变"，特别是经验不足或初学演讲者，往往因一些突发状况而显得手忙脚乱、不知所措，从而导致更加紧张，不知如何"救场"，让演讲陷入尴尬被动的局面。一场演讲，因对象、地点、时间不同，即使是同一个演讲者、同一个演讲话题，其中遭遇的突发"生变"也会有所不同，这一点也不应忽视。因此，演讲者必须根据观众、环境、自身条件的具体情况，及时采取相应措施，控制听众情绪，以保证演讲达到预期的目的。应变能力是衡量演讲水平高低的重要标志之一。那么如何应对突发事件，让局势转"危"为"安"呢？

一、应对哄场

演讲中哄场，即搅场，就是听众恶意起哄、扰乱、破坏演讲现场秩序，使演讲者不停被打断，甚至被迫终止。这种情况的出现原因，一般有三种情况，即听众为演讲者的对立者；听众认为演讲者言之无物；听众对演讲话题不感兴趣。对此，如何应对呢？

针对上述的三种原因，如果起哄者是对立者、反对派，可以置之不理，如果是后两种情况，演讲者要面对着主客观的、意外的、非正常情况及干扰，采取紧急有效的措施"救场"，迅速、果断地加以排除和平息，从而使演讲顺利进行下去。

二、应对冷场

演讲本身应该是充满活力的，但如果演讲者在台上滔滔不绝，台下却鸦雀无声，反应冷淡，甚至在打瞌睡、聊天、玩手机等等，这样的演讲很显然是失败的。那么如何应对冷场呢？

演讲出现冷场的原因非常复杂，演讲者应及时观察并根据听众的反应，或尽快调整内容；或变换话题角度，另起炉灶，激活听众兴趣点；或穿插趣闻轶事，抓住听众渴望趣味的视听倾向，适当时再回到原有话题的轨道；或暂停演讲的话题，与听众开展"提问"互动，打破冷场的局面；或是调侃听众，让听众从严肃、无精打采的状态中脱离出来。当然，演讲出现冷场的控场技巧，还要根据实际变通。1924年1月27日至8月30日，孙中山先生先后16次到国立广东大学（含国立广东高等师范学校两次）礼堂开展系统讲述"三民主义"的演讲，其中的一次因为礼堂小，听众多，通风不够，空气不好，所以有些人精神较差，显得比较疲倦。孙中山先生看到这种情况，为有效应对现场的气氛，他巧妙地讲了一个故事："我小时候在香港读书，见过有一个搬运工人买了一张马票，因为没有地方可藏，便藏在时刻不离手的竹竿（挑东西用的粗竹杠）里，牢记马票的号码。后来马票开奖了，中头奖的正是他，他便欣喜若狂地把竹竿抛到大海里去。他以为从今以后就不再靠这支竹竿生活了。直到问及领奖手续，知道要凭票到指定银行取款，这才想起马票放在竹竿里，便拼命跑到海边去，可是连竹竿影子也没有了……"，讲完这个故事，听众当中议论纷纷，笑声、叹息声四起，结果会场的气氛活跃了，听众的精神振奋了。于是，孙中山先生抓住时机，紧接着说，"对于我们大家，民族主义这根竹杠，千万不要丢啊！"很自然地又回到了原有话题的轨道上。

三、应对忘词

很多演讲者都有这样的经历，在讲台上激情如波涛般地涌动着，一切都很顺利，突然忘词而导致卡壳，怎么办呢？忘词的补救方法很多，具体选择哪种方法，如何补救，要结合具体情况灵活应对。下面介绍的是其中部分应对方法：

（一）互动提问法

在演讲中忘词时，首先要做的事就是思前想后，演讲者可以插入之前与演讲内容有关的问话，在等待观众反应的同时，利用短暂的时间，加速回忆要讲的内容。比如可以问："前面演讲的内容，我所阐述的观点，不知道大家能否发表一下自己的看法？"这时，演讲者可以借助听众来不及应对突然一问的瞬间，回忆接下来的演讲内容。一旦想起，就可以顺水推舟说："好，大家说的不错，我接下来继续讲。"既肯定了听众的功劳，又使之与演说内容浑然天成。如果真想不起来，接着一句"我们接下来讲……"，不仅没成为瑕疵，反而锦上添花。

（二）即兴发挥法

演讲忘词有时很难想起来，可以顺着演讲的内容即兴发挥。即兴发挥的方法很多，可以借"时"发挥，或借"物"发挥，或借"事"发挥，也可以插入相关的故事、轶事等等，都可以很自然地"救场"，接下来再考虑如何过渡衔接。即兴发挥是演讲者一种可贵的主观能动性，在选定了发挥的话题后，要围绕这个话题选择与演讲内容紧密相关的材料，然后巧妙地把材料组织在一起，只有天衣无缝发挥，演讲才能直指主题，一气呵成。

（三）省略过渡法

在演讲的过程中，如果思维突然出现"短路"，与其尴尬地站在台上，不如直接省略忘词的内容，巧妙过渡。人的大脑"短路"时，有时放不下，越是这样就会越想不起来，干脆放弃。因为演讲者毕竟掌握着主动权，听众并不知道演讲者究竟事先准备了哪些内容，忘词"卡壳"即使漏掉了其中部分内容，应对得当，听众也未必能听出来，在整体上根本不会影响演讲效果。这样，虽然丢掉了部分内容，但避免了因中断而破坏演讲的气氛，这样才能起到圆场效果。

（四）总结衔接法

演讲一旦忘词，如果是内容逻辑关系较为紧密的部分，往往不能跳跃而过或直接省略，为避免因停顿影响听众情绪的波动，演讲者可总结性针对前面内容把"短路"的思维再次衔接起来，使演讲顺畅地继续下去。比如"我简单地总结一下刚刚讲的内容"，或者"我再次强调一下刚才演讲的内容"，换一种不同的表述方式重复前面的内容，从另一个角度过渡到后面的演讲内容。这样，就能把忘词的尴尬转

"危"为安。

四、应对口误

在演讲时，因为种种客观或者主观上的原因，演讲者难免会出现口误，即使是演讲经验丰富的人，或各行各业的精英人物，每个人都难免也会遇到。如果不能及时补救，不仅会影响演讲者的心情，而且还会给听众留下不好的印象，很容易产生消极影响。

在公众演讲场合，西方国家称呼听众的顺序，是"女士们"在先，"先生们"在后。据说，法国某城市市长在一次演讲会上，恰恰相反，刚一开口，会场顿时一片哗然。次日，在上诉未得到市政府受理的情况下，引发了一场声势浩大的集会游行，以抗议市长对妇女们的不礼貌行为，最终迫使市长亲自出面陪礼道歉。

演讲中的这种口误，并非是明知正确而故意说漏嘴，而是表达上的一种无意口误，或者说在表达上欠妥当。演讲中较为常见的口误，一般有语法方面的口误，如读错音、用词不当、表述歧义等；时境方面的口误，这方面比较多的是与习俗相悖，上述法国某市长的称呼语就属于这种口误，或不符合特定的时令、不同听众的生活情景；事理方面的口误，即因某种原因说了不合事实，或不合逻辑的话。

著名演讲家邵守义曾经说过："最好的办法是按正确的讲法再说一遍。"卢武铉坦诚面对口误，按正确方式直接改正，不仅不会招致取笑，反而更容易赢得听众的理解和认可。

当然，如果不是一般性的口误，应对口误的技巧则需要具备一定的应变能力。例如：

我国著名相声大师马季，有一次到湖北省黄石参加一场座谈会。在会上，马季的搭档在发言的时候出现了失误，将黄石市说成了"黄石县"，导致冷场。面对突然状况，马季并没有慌乱，而是冷静地想到了一个解决的方法。他立即接着搭档的话说道："我们有幸来到黄石省……"这句话将大家都弄糊涂了，一时之间不知道这个大师想要表达什么意思。正当大家窃窃私语时，马季解释道："刚才，我的搭档把黄石市说成了县，给降了一级，我当然要说成'省'，给提升一级，这样一降一升，就拉平了！"马季说完，大家都"哈哈"笑了起来，先前因搭档口误而产生的尴尬气氛一扫而光。

这里，相声大师马季并没有因为搭档的口误而产生心理紧张，而是进行一番合乎情理的自圆其说的阐释，既充满幽默感，又不失为一种化错为正的补求方法。

五、时间控制

（一）应对迟到

一般说来，演讲者是不会迟到的，但如果是赴外地演讲，特别是不熟悉自己的演讲地点，又没有提前到场的前提下，迟到的可能性也就不可避免了。因为如果仅仅提前几个小时出发，有可能赶到而因交通问题又无法按时到达演讲地点，真的迟到或快迟到了，怎么办？

首先，在时间观念上要有一种突发意识，如交通堵塞、航班延时，以及对路径不熟悉等。有了这种突发意识，至少提前几个小时，或者提前一天赶到演讲地点附近，那么无论是交通、航班问题，还是迷路都不会发生迟到。

其次，如果迟到真的无法避免了，要及时通过电话、微信联系活动组织者，并及时告知自己的方位，到达演讲地点的大概时间，以便活动组织者调整其他演讲者的上台顺序，避免演讲因一个人的迟到而受到影响。如果确实赶不上预期的时间，可以要求活动组织者在其他人的演讲时，中途适当安排休息时间，适当延缓时间，避免让听众等待时间太长而出现意料不到的事情。迟到者到达现场时，不论有多晚，都要调整好自己的状态，以保证演讲正常进行。同时，演讲结束前，要主动留下来解答观众的提问。这是一个好习惯，同时也能减轻组织者对你的抱怨。

（二）应对超时

演讲超时的现象并不少见，造成这种情况的原因，大致有两种：一是内容结构安排不合理，演讲者没有做好"限时表达"，即没能很好地根据演讲时间来确定演讲内容，让时间与内容形成二条同步推进的平行线；二是演讲者往往因为太过于投入，临场随意加以发挥，这样无意中增加了演讲的内容，未能准确把握演讲时间，以致时间不够用。

如果演讲时间超过预期，在这种情况下，就要求演讲者根据现场的情况，快速的实现控场。这时，如果演讲超时不长，只有几分钟或十多分钟，演讲者可以把语速放快；如果演讲超时较长，可以直白告知听众，以争取支持，把内容讲完，也可以把后面的内容以总结方式三言两语加以概括，或者以要点概括的形式告诉听众，后面还有哪些内容，甚至可以直接放弃后面的演讲内容。如老舍先生的某次演讲，在开场白他宣布："我今天谈六个问题"，他讲完第五个问题，发现还有几分钟就要散会，于是提高嗓门，一本正经地说："第六，散会。"听众起初一愣，不久就欢快鼓起掌来。老舍视时间关系而收尾，出人意料结束话题，不但没有使听众反感，反而收到灵活收尾的功效。

应对超时，还有一点必须强调，最好在演讲前，安排好演讲内容在结构上的过渡、开场和结尾，不至于因超时紧张而致过渡不自然，或匆忙结尾无病而终，甚至没有结尾而难以收场。

（三）应对延误

在演讲中，如果说"超时"针对的是个人，而"延误"针对的是前面的演讲者，因演讲超时而影响后面的演讲者无法按时演讲，以致没办法按时进行。面对这样的情况，又该如何处理呢？下面两个例子，是很好的范例：

例一：林语堂喜欢演讲，可太多了也腻味。尤其是到台湾定居后，几乎每个星期都得例行公事讲上几次。国人演讲长得像王妈妈的裹脚布，客气寒暄话起承转合，林语堂苦不堪言。一次，轮到林语堂讲时已是中午过半，与会者饥肠辘辘，又不得不装出饶有兴致的样子。他上台后说："绅士的演讲应该像女士的裙子，越短越迷人！"说完就结束了发言。

例二：1985年，全国写作协会在深圳罗湖区举行年会。开幕式上，省、市各级有关领导论资排辈，逐一发言祝贺。轮到罗湖区党委书记发言时，开幕式已进行了很长时间。于是他这样说："首先，我代表罗湖区委和区政府，对各位专家学者表示热烈的欢迎。"掌声过后，稍事停顿，他又响亮地说："最后，我预祝大会圆满成功。我的话完了。"他以迅雷不及掩耳之势结束了演讲。

听众开始也是一愣，随后，即爆发出欢快的掌声。因为，从"首先"一下子跳到"最后"，中间省去了第二、第三、第四……这样的讲话，如天外来石，出人预料，达到了石破天惊的幽默效果，确实是风格独具，心裁别出。

六、应对质疑

在期刊的论文中，我们经常看到不同观点的商榷文章，但在演讲现场对演讲者观点的直接质疑并不常见。不常见不等于没有，其实也不乏这样的例子，如1933年11月12日，李四光在北平举行的中国地质学会第10次年会上，以《扬子江流域之第四纪冰川期》为题发表了长篇演说，引起全场轰动，但也有很多中外学者对此提出质疑。

无论是演讲者还是听众，对质疑者其实都很反感，这种突发状况还是比较棘手的。那么，对提出异议的质疑者该怎么办呢？

在演讲中，如果遭遇质疑者直接提出异议，因其唐突与冒昧，一般不会引起其他观众的共鸣，事情就变得容易解决了。对此，演讲者应泰然待之，不必较真。这种个别的声音，本来可能大家都没在意，最好的办法就是闻而不应，继续自己的演讲，使自己有充裕的时间占领制高点，很轻巧地去化解反对意见。

　　另一种情况，如果异议引起听众的注意，并在一定程度上引起反响。在这种情况下，如果质疑观点与演讲观点相悖，演讲者可先给予肯定，然后说："你的观点刚好从反面证明我的观点。"接着，提醒质疑者演讲结束后，可以台下继续交流。这样，既给质疑者面子，又避免对方产生不满的情绪，影响演讲的进程；如果质疑观点与演讲观点一致，演讲者在给予肯定的同时，可以说："你的观点从另外一个角度补充了我刚才谈到的问题，我后面也会谈到，接下来我就不必要具体展开了。"

　　质疑者，只要不是恶意的制造哄场，演讲者在舞台上占有比质疑者更大的优势。演讲者可以敞开自己的胸怀，用诚意与质疑者沟通，让自己的思想与之发生和谐的共鸣；也可以把异议的观点和个人的观点逐一对照，去伪存真，正本清源，明辨孰是孰非；还可以告诉质疑者，有异议最好在演讲结束之后交流。当然，不管质疑者提出怎样的异议，演讲者的态度一定要有礼貌，毕竟异议不能阻止演讲的继续，特别是在礼节上是不占理的异议，质疑者必须闭嘴。

　　总之，当演讲遭到挑战、质疑、否定时，演讲者须沉着冷静地对待，尽量做到机智应对，这样才能化解将至的疾风暴雨，让理性之帆高扬在清流之中。

第四章
求职面试

第一节 求职面试的基本知识

一、求职概说

所谓求职，简言之，就是找工作，即选择职业、谋求职业，或者说就业。总之，从个人的角度看，或毕业者求职，或待业者求职、或跳槽者求职，在求职日益白热化的今天，就业对每个人来说都是一种不小的挑战，求职者都要有充分的准备，这种准备不仅是为求职投入更多的经历，同时也要保持乐观的心态。

（一）择业观念

在多种影响职业生涯成功的因素中，择业观念首当其冲。择业观念是建立在对其所从事职业的认知和驾驭能力充分认识的基础上的。因此，必须有与时俱进的择业新观念。

1. 树立"从小做起，从头做起"的就业观念。在择业前，要根据自己的专业需求、就业起步阶段的特点，正确的认识和评价自己，自我调整，把自己放在最合适的位置上，既不过高地估计自己，也不妄自菲薄，能够扮演好自己的社会角色，确定好自己的社会位置，打牢今后成长发展的根基。

2. 树立"先就业、后择业、再创业"的就业观念。就业、择业、创业既是不同的概念，具有不同的含义，更是客观地反映求职者谋求职业的阶段性及其不同特点和要求。市场经济条件下，社会不再有一步到位、从一而终的职业，树立职业流动观念，并学会在流动中发现机会、把握机会。

3. 树立"自强自立，敢闯敢干"的就业观念。走向社会，如何去寻求发展，这是择业中首先遇到问题。求职者不仅要有多次择业的心理准备，而且要克服依赖心理，树立自主创业的观念，利用自己的知识、才能和技术，用发展的眼光去看待自谋职业、自主创业，从发展的角度去思考自身优势的发挥。

4. 树立"敢于竞争，勇于创新"的就业观念。竞争是市场经济最显著的特点，竞争意识是现代人必备的素质之一。在就业市场的竞争中，"优胜劣汰"已逐渐成为历史发展的必然趋势。因此，求职者要摆脱被动依赖、消极等待的心理，树立竞争意识，勇于创新，开拓进取，不断开辟自己的发展空间。

（二）择业原则

人们在认识和处理职业选择问题时，择业原则是必须遵循的基本要求。

1. 遵循社会需要的原则。在求职者中，并不完全取决于个人的兴趣与爱好，还要从社会需要出发，把个人意愿与社会需要结合起来，始终坚持职业岗位符合社会需要的原则。因为社会分工是有限的，而个人的兴趣与爱好是无限的，当个人意愿与社会整体利益冲突时，要顾全大局，服从社会需要。

2. 知己知社会原则。知己，指的是求职者了解自己，充分认识和客观地评价自己的长处与不足，分析自己所处的择业环境，从实际出发，在求职时不但要正视自己的能力，量力而行，还要正视职业与自己之间的距离。知社会，就是了解社会职业结构的变化，以及职业的种类、分工、数量、分布等状况。只有把个人的实际情况和社会的需求有机地、和谐地结合起来，才能在择业中做到"百战不殆"。

3. 主动应对原则。"主动"相对于"被动"而言，即在择业的过程中，要主动应对，积极参与，不能消极地观望、等待。这里所说的"主动应对"，主要包括三个层面的意思：首先是主动地了解人才市场供需信息及其要求，主动搜集各种职位需求并及时介入咨询，了解人才流动及其需求动态；其次是主动参加各种职业技能培训，提高自己的素质，在就业前掌握一定的职业技能，为在竞争中的求职准备打下基础；最后是主动参与岗位竞争，以平和的心态直面职场的汹涌波涛，为自己的脱颖而出争取一席之地。

4. 着眼长远面向未来的原则。求职关系到一个人许多可变因素，一定要有长远的考虑，因此在选择职业时，不能只看眼前实惠，不看长远性的可持续性发展前景。这就要求在选择职业时，要站得高，看得远，放开视野，理清思路，不仅要着眼于眼前，更要看到未来，把自己的职业生涯紧紧和未来的发展联结在一起，从而实现自己人生走向成功的飞跃。

（三）求职交谈的本质

求职需要交谈，而交谈是一种推销自己的艺术，也是求职者一种才华展示。卡耐基曾说过："推销自己是一种才华，是一种艺术。有了这种才华，你就能安身立命，使自己处于不败之地。你一旦学会了推销自己，你就可以推销任何值得拥有的

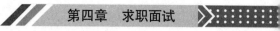

东西。"求职交谈是人们在谋求职业时，通过言语表达实现和用人单位的双向沟通的过程。在这个过程中，它既是用人单位了解求职者的资历和能力，挑选适合单位需要员工的一种考察手段，又是求职者了解企业所需要的人才特性，尽其所能推销自己，并争取被录用的一种诉求行为。因此，这种交谈不是简单的问答，而是求职者以灵活的表现、巧妙的语言，把自己的才华、品质和素养通过言语谈吐充分地表露出来，使对方有了更深一层了解，让用人单位认可自己，并给予工作机会。

由此可见，在求职交谈时，如何通过谈话推销自己，以得到对方认可并获得理想的工作，这对于求职者来说是至关重要的。从这个意义上说，在有限的时间和有限的描述中，如何推销自己的表达技巧，也就成为竞争中的制胜法宝，应届毕业生尤其如此。总之，既敢于说话，又善于说话，是求职成功的前提。

（四）求职交谈的原则

1. 真诚坦率的诚信原则

求职者要真诚坦率，这个原则无可争议。"精诚所至，金石为开"，求职交谈中，要让自己受人欢迎，有了真诚坦率、不躲不藏的坦言交谈，才能有融洽的交谈环境，才能奠定交谈成功的基础，这是诚信的表现。在求职交谈时，直率坦诚能展现出求职者的品质，使其说的话更真实、可信，更具有说服力，一方面求职者对自己的优点，要客观地阐述自己的能力、优势，不要过分自夸，锋芒太露，而对自己的缺点要坦诚说出，实话实说，这样的交谈是自信的结果，更容易赢得对方的青睐与信任，另一方面要表现出对求职这份工作的诚意，只有用自己的真情激起对方感情的共鸣，交谈才能取得满意的效果。

2. 互相尊重的礼仪原则

古人云"衣食足而知礼仪。"从传统的儒家观点看，礼仪是以建立和谐关系为目的的各种符合"礼"的精神及要求的行为准则或规范的总和。求职的交谈是双方思想、感情的交流，是双向活动。在求职的交谈中，求职者要取得满意的交谈效果，就必须在语言表达、行为准则等方面顾及对方互相尊重的心理需求。交谈中，求职方无论学历高低、经历如何，尽量使用礼貌用语，谈到自己的经历、成绩要谦虚，谈到对方时要尊重。恰当地运用敬语和自谦语，可以显示个人的修养、风度和礼貌，有助于交谈的成功。

（五）求职交谈的禁忌

求职交谈中的禁忌，看似微不足道，但它产生负面影响却很大。和生活中禁忌一样，求职交谈的禁忌很多。这里介绍的主要有以下几种：

1. 忌含糊其辞，语焉不详。"含糊其辞"说的是"有顾虑，不敢把话照直说出来"，而"语焉不详"指的是"虽然提到了，但说得不详细"，但无论是前者还是后者，求职的一方显然无法让对方（即招聘方）了解求职者应聘的意图。正如梅兰德所说，"有一次，一个从业经验丰富的产品经理跟我共进午餐，说他想开一家公司，想回学校进修，还想当某公司的董事。我怎么可能帮到他？我唯一了解到的是，他根本不知道自己想干什么。"

2. 忌夸夸其谈，锋芒毕露。这是一种以自我为中心的变相自夸的言语交谈，它在很大程度上忽视相互尊重和以诚相待是人与人相处的基本原则，故意搬出与自己相似、相近的某个人大肆渲染、抬高自己的身价。这种变相的夸夸其谈的自夸、自我吹嘘，往往因言过其实反倒破坏自己的形象，给人以锋芒毕露的印象。在自我为重的求职交谈中，有相当多的机会议论自己，但一定要有分寸，要适可而止，不要让自我泛滥成灾。

3. 忌短话长说，冗长繁琐。求职交谈，对于求职者来说，是争取就业唯一的机会；但对招聘者来说，候选人却不是唯一的，他们希望大浪淘沙，始见真金，但在固定的时间内，也想尽量有更多的筛选余地。因此，求职者在交谈时，切忌滔滔不绝、喋喋不休，否则，就会让招聘者有浪费时间且做事不干脆利落之感，甚至会觉得你不善于抓住问题的重点，不明白要表达的意思。因此，求职者要扼要地掐住要害，抓住根本，用简洁的语言，精炼的措辞，在规定的时间内长话短说，用准确形象的表述呈现最简单、最直接的内容。

4. 忌插话抢话，争论争辩。交谈是连接人与人之间思想感情的桥梁，所谓"酒逢知己千杯少，话不投机半句多"，正说明了交谈的优劣直接决定着交谈的效果。现实生活中，有的求职者为了获取对方的好感，并得到认可，总喜欢抢着表现自己，不断地打断对方的谈话，急不可待地插话。更有甚者，有的求职者简单把求职交谈过程看做是为说服对方的过程，把求职交谈变成争论或争辩。这种争论或争辩也许能表现出你的才智、机灵和说服能力，无论你的见解多么独到超群，却已经引人讨厌，你已经输掉了一次机会。

第二节 求职面试前的准备

一、求职资料的准备

"知己知彼，百战不殆"，这句话出自《孙子·谋攻篇》，意思是说，在军事纷争中，既了解自己人，又了解敌人，百战都不会失败。这一军事策略，在竞争激烈的当代社会，它被广泛应用于社会生活的各个领域，特别企业管理领域。求职面试犹如是一场没有硝烟的战争，这话可能有点危言耸听，但面试中不可知的考验确实无处不在。因此，求职面试也同样需要"知己知彼"，这样才能在求职中"百战不殆"。

"知己"，就求职面试来说，指的是求职者去求职应聘，要清楚自己的优势和弱势，明确自己在人才市场竞争中所处的位置，自己有什么专业特长可以发挥，自己有怎样的个性特点、兴趣爱好和职业向往，使求职更有针对性，成功率更高。而"知彼"，是指求职者去求职应聘，应提前了解用人单位的基本情况（经营效益、发展潜力、管理水平、福利待遇等），应聘职位对人才的要求，以及同时参与竞聘的对象，即已有的竞争对手的情况。所有这些，了解的信息越多，越容易沟通，成功的希望就越大。

在现时求职应聘竞争实践中，一些求职应聘者往往把重点放在"知己"上，这种"知己"的策略是全方位的，它涵盖了求职应聘者自身的每一环节，而"知彼"往往忽视了，即对用人单位了解不多，甚至一无所知。这种"知之甚少"的无准备应聘面试，双方在初战之时，就已基本可以确定人的去留。

除上述的准备外，求职者还须提供自身的一些纸质资料，如学历证明、身份证、从业经历、成果材料及证明材料、求职信等。

二、求职的心理准备

当今社会，竞争强烈，应聘面试其实就是一场短兵相接的人才争夺战，它争夺的不仅是每个求职应聘者的综合能力，也在考验着每个求职应聘者的心理素质和临场发挥状态。因此，要成功应对面试，就要做好求职前的心理准备，主要包括两个方面：

（一）克服不良的择业心态

美国的坎贝尔说过："目标之所以有用，不仅仅是因为它能帮助我们从现在走向未来。"时下，人才市场火爆，就业形势过于严峻，能否在求职面试前或过程中克服不良心态，是成功面试的重要条件。很多求职应聘者，特别是刚走出校门的大学生，他们敢于面对市场挑战，这是一种积极应对，但如果过于理想主义，对追求目标自视过高，自认为学历、能力，甚至长相都不错，用人单位肯定人见人爱，把自己当成人才市场的精英，自然会顺利通过，这种择业的不良心态，结果只会是"竹篮打水一场空"。因为人才市场只认充满自信、积极进取的目标追求者，高高在上者从来没有入门的机会。由此可见，求职应聘者在应聘前要进行自我定位。正如卢梭所说："选择职业是人生大事，因为职业决定了一个人的未来。"如果求职应聘者没有在客观把握自身条件的前提下，恰当地自我定位，有的眼睛盯着党政机关，有的眼睛盯着大城市和沿海发达地区，不愿选择有发展潜力的乡镇和偏远地区……这些不正确的择业心态，在很大程度上影响着求职者在人才市场作出正确的选择，必须走出这些择业观上的心态误区，把握住每一次机遇，否则每次较量的结果，冠军只能是他人，自己很难也根本无法如愿。

（二）克服负面的消极心理

不良的求职心理因素，必然会对求职面试产生负面的影响。了解并克服负面的消极的心理因素，有助于求职者在面试前树立信心，保持良好心态，有了这样的心态，才能在面试时处变不惊。

1．焦虑、自卑心理。这是求职者普遍存在的心理状态，产生这种心理的原因很多，主要是对自己的能力不信任，缺乏自信心，缺乏面对职场竞争的勇气，从而因自闭心理产生压力，导致凡事烦躁不安，对职场面试感到恐慌，一直把职场的面试当成难以逾越的大山，不敢去面对挑战。

2．依赖、自负心理。这种心理在家庭条件较为优越，学业成绩比较优秀的求职者中居多。依赖心理者认为，优越的家庭条件容易被人接受。这种人往往会变得没有主见，缺乏独立意识。自负心理者，他们往往以"我"的水平、"我"的学识、"我"的文凭、"我"的抱负、"我"的要求，在社会上不愿放低姿态，最终处于被动也就在所难免了。

3．从众、逆反心理。这两种心理在求职中所表现出来的恰好相反，前者不从实际出发，要么因循守旧，对传统的就业理念刻意维持保守态度，要么盲目趋附时尚，追捧热门；后者则不愿接受某些既成规范的约束，不是因无知而逆反，就是因对抗而逆反，或因被超越而逆反，固执己见，难成气候。

三、求职的着装准备

俗话说："人靠衣装马靠鞍。"这句话表达了穿衣得体在人际交往中的重要性。的确，得体而气派的着装能给人一种高端大气的感觉，也会让一个人气质得以提升。这一点，对于初涉职场的应聘面试者更是如此，也就是说，应聘面试者穿上与谋求的工作相适应的服装，在面试中是非常重要的一部分，因为这样容易获取求职交谈、求职面试好的第一印象。

求职交谈是一种正式场合，面对招聘人员挑剔的目光，求职者如何准备着装，才能"穿"过交谈、面试关，才能"穿"出一个理想的人生。一般来说，求职者的服饰要同自己的身材、身份、年龄及所求职位等相符合，做到朴实、大方、明快、稳健、整洁。男性切勿穿不带领上衣、短裤、凉鞋、运动鞋；女性切忌浓妆艳抹，

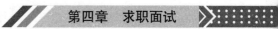

不要佩戴饰品，不要穿迷你裙、无袖上衣。在着装时，一是要追求"简单就是美"的原则，公司员工穿什么样的服装你就学着穿什么，这不仅是职场着装的一种文化符号，也是求职交谈、面试的一种礼仪语言；二是要注意干净平整，除了简单，着装再得体，也必须保持干净整洁，这也是求职交谈、面试最起码的基本要求。另外，衣服是否平整，也不可忽视，尤其是裤子要烫直，折痕清晰。三是着装要合体，不要太紧也不要太松，所选的服装款式、颜色、号码要与自己应聘的职业相协调，还要穿着舒服，这样才能能体现自己的个性和职业特点，才能能衬托出自己的内在气质，以免因服饰而产生潜意识的拘束感和不自然的状态。同时，头发的梳理、整洁也很重要，男士要刮净胡须，女士可化淡妆。

此外，有些小细节也要讲究，如衣裤的长短是否恰到好处，皮鞋鞋面及鞋侧是否保持清洁、是否擦亮，袜子颜色是否与鞋、裤子一致、是否保持足够的长度，纽扣是否扣好，衣服上是否有油渍……所有这些，看起来无关大碍，稍有不慎，就会给人不拘小节、不懂礼貌的感觉，甚至会让人产生对你工作是否会认真、扎实的疑惑。总之，不管是求职交谈还是面试，求职者必须有备而来。

四、其他准备

（一）充分了解招聘单位

目前，我国人才市场用人单位，主要有三大类，即各级党政机关、各级事业单位、各类企业（国企、三资、民企），因此对用人招聘单位必须有充分的了解。

1. 用人单位的求"才"心理

（1）求"专"心理。这类单位大多是技术性较强的单位，要求专业对口。如医学、法律、建筑等。

（2）求"实"心理。这类单位有的要求专业对口，有的对专业要求没有明确的限制，但要求有踏实的实干精神。如各类单位的基层部门。

（3）求"全"心理。这类单位的用人标准，要求专业对口，并具备一专多能或多专多能，且必须持资质"证书"才能上岗，如建筑部门的房屋建设设计、交通部门的桥梁建设设计等。

（3）求"变"心理。这类单位大部分是企业的营销部门，它要求营销人员要有应变市场变化的能力，要有应变不同客户的不同需求的销售能力等等。

（4）求"通"心理。这类单位大多是对外贸易单位，不但要求应聘者相关的专业知识要"通"，而且在某一领域，对国外国情、民俗、法律、语言等情况，要样样精通。

（5）求"诚"心理。这类单位要求应聘者既要有专业知识，又要为人诚恳，对人对事能坦诚相待。这方面，几乎所有的用人单位都如此。

求职的时候，求职者一定要学会揣摩用人单位的求才心理，只有从心理上去了解用人单位，才有成功应聘的机会。当然，不是一个单位对应一种心理，这也是求职者必须明确的。

2．用人单位的基本情况

除了各级党政机关、事业单位外，现在的企业招聘单位五花八门，要对用人单位有一个全面的了解，并不是一件轻而易举的事。因此，要了解用人单位的基本情况，一般包括用人单位性质、隶属关系、主管部门、地址、联系方式、业务范围、经营业绩、目前规模、发展前景、福利待遇，以及需要的专业人才和使用意图、具体岗位职数、对所需人才专业知识和技能具体要求等。此外，对求职者面试有哪些侧重点、面试考官的有关情况、面试的方式过程，以及面试时间安排等务必了解清楚，这是能否成功应聘的关键之所在。

（二）能力与职位相匹配

求职者面试前，对自己的性格、知识、能力、经验、人生目标、择业倾向要有清醒认识，从自身各个方面的条件和工作动机、职业价值观，与期望应聘岗位的工作要求是否相匹配入手，进行必要的推断分析。"人贵有自知之明"，只有"自知"，才能从不同的角度认识自己。这样，求职者的心态积极与否、对职位的渴求程度，才能在面试过程中把自己置身于应聘单位，致力于应聘单位所需有匹配度的要求进行回答，同时展示自己的优势，让面试官感受到求职者对企业的热情和未来对企业可能的贡献。

（三）面试前的培训

如果说面试是一场没有硝烟的战争，那面试前的培训是决定战争命运的"诺曼底登陆"，需要应聘者对如何顺利"登陆"的计划给予高度的重视。面试前的培训，即策划面试技巧，为面试的准备阶段。一般说来，面试前的培训包括面试的流程及技巧、面试的类型及技巧、面试的危机处理等，以及应聘者应具备的心理条件，这些并不是应聘者都能够了解、熟知的，必须进行培训和开发。面试的成功与否就决定了是否被录用，所以进行相关的面试培训是必要的。

（四）模拟应聘问题演练

面试前要设置一定面试情景，模拟应聘岗位或近似岗位的环境，要求应聘者扮演某一角色并进入角色情景中，根据拟聘岗位的某项实际工作，围绕可能询问的问题进行演练，并根据在演练中所表现出来的行为，测评其心理素质和临场发挥的素质潜能。由于这种模拟测试接近实际，加之又便于观察、了解应聘者能否适应或胜任拟聘岗位的工作，因此比笔试或其它方式更逼真。

（五）应对危机处理

应聘者在面试时，虽经充分的准备，但在面试这种重要又紧张的场合，很容易出现心理紧张、说错话、卡壳等令人尴尬的危机。应聘者如果不能镇静自若、沉着应对，往往会给自己的面试表现带来不良的影响，导致面试表现不佳，甚至造成前功尽弃的结果。因此，面试前要预设面试中可能出现的几种困难和尴尬场面，演练应对办法，以增强面试信心。

第三节 求职面试的肢体语言

美国宾夕法尼亚大学一项研究表明，在面试者给人的印象中，7% 取决于用辞，38% 取决于语音语调，55% 取决于肢体语言的交流。肢体语言的交流，其重要性可想而知。

在求职面试中，不少求职应聘者与好职位失之交臂的原因很多，缺乏面试时的"肢体语言"经验就是其中之一。在面试过程中，仅仅靠有声语言是远远不够的，有时很难达到表情达意的效果，而肢体语言作为有声语言的有效补充，可以弥补有声语言的不足，以增加口头语言的表达效果。在不同环境中，不同的肢体语言有着不同的含义。在很多时候，肢体语言所表达的情感信息，在很大的程度上具有暗示作用，可以起到支持、修饰、否定语言行为的作用，有时可以直接替代语言行为，甚至表达出语言难以表达的情感内容。因此，求职者可以有意地通过肢体语言来调节面试交谈的气氛，以此影响考官的情绪或思路。求职者的举手投足、坐姿站态、一动一静、一颦一笑，能体现出一个人的教养、身份、风度、内在气质和人格。在求职面试中，招聘人员常常凭借肢体语言去判断求职者的心理素质、文化修养和性格特征。

一、情态语

1. 表情

表情是人内心的情感在面部、声音或身体姿态上的表现，是形体动作中最能表现人的情绪的非语言行为，由丰富、敏感的面部肌肉以及眼神、眉毛、嘴唇组成，它通过这些组成部分的每一个细微变化来表达各种情绪状态。如：高兴、悲哀、愤怒、失望、忧虑、疑惑、不满等。"喜怒哀乐形于色"说的就是这个意思，这个"色"就是由面部表情和眼神来决定的。法国作家、社会活动家罗曼·罗兰说："面部表情是多少世纪培养成功的语言，比嘴里讲的更复杂到千倍的语言。"面试是开放式的公共场合，在人来人往的竞争者中，面部表情可以说是传达无声的感情信息另一种深刻、直观的表达方式，比任何有声的生动语言更能使人入木三分。如果想了解竞争者，通过竞争者不断变化着的面部表情，就可以从对方的情绪反应中让人心领神会。从这个意义上说，面试者在参与面试时，要有丰富多彩的表情，这样才能留给人们美好而深刻的印象。俗话说："只可意会不可言传"，这或许就是表情的力量吧！如果在面试时忽视了表情的合理运用，就很有可能给人留下不好的印象。例如，在回答面试官问题时，如果一边答题，一边眼神却环顾四周，这样就会给人傲慢与无礼的感觉，要想成功应聘将是寸步难行。脸部是感情的"晴雨表"，如果面试时始终都是一种表情，这不仅会给听众一种呆滞、麻木的感觉，而且有损于思想感情的表达。总之，微笑与平和是面试时脸部表情的核心，在脸部表情运用时，要适时、适情、适度，切忌情不由衷、呆滞麻木与矫揉造作。

2. 微笑

微笑是指面部略带笑容的一种表情，微笑在所有文化中都有着同样的含义，是表情中最能赋予人好感，增加友善和沟通，愉悦心情的表现方式，具有极强的感染力。一个善于对他人微笑的人，不仅能美化自我形象，改善交际环境，还能体现出他的热情、修养和魅力，从而得到人的信任和尊重。

在求职交谈、面试中，微笑是一种最基本、最常用的礼仪，也是展示求职面试者的良好意愿，以及使得面试官和听众轻松自在的最容易的方式之一。面试时，微笑不是刻板、僵化的静态，而是一种动态的表情过程，灵动的微笑都有一瞬间最美的表情，它可以使求职面试者美好的表情参与到面试的互动中，显得友善、有亲和力，迅速缩短与面试官的距离，使对方更容易接受自己；微笑的程度有很多层次，面试时要根据交流的情况随机地发生变化，在与面试官目光接触的瞬间展现出来，表达友好，切忌与人对视，面无表情；微笑是一种个性化的表情，面试时有人开朗、热情，有人内向、含蓄，有人成熟、大方，但不管怎样，面试时都要表现出良好心境，或充满自信、或真诚友善、或乐业敬业。微笑可以创造一种和谐融洽的气氛，让对方倍感愉快和温暖。真正的微笑是内心情绪的自然流露，要做到"诚于中而形于外"，表里如一，切忌故作笑颜，只有毫无做作的微笑才有感染力。发自内心的笑容犹如扑面的和煦春风，给人以温暖，不知不觉中缩短了人与人之间的心理距离。由此可见，面部表情是思想的"荧光屏"，礼貌之花，自我推荐的"润滑剂"，面试时要学会用微笑创造温馨的、和谐的氛围。在面试时，面部表情可以概括为四句话："端庄中有开朗与热情，严肃中有柔和与真诚，分寸中有适度与得体，亲切中有融洽与敬意。"那种淡如清水、不苟言笑的表情，传递给对方的只能是不尊重、不友好、不自信、不大方的信息。

3．眼神

眼睛是心灵的窗户，意大利著名影星索菲亚·罗兰深有体会地说："我的眼睛是准确反映我灵魂的一面镜子。如果你对我十分了解，你便能从我的眼神知道我是欢乐还是悲愁，是烦恼还是平静，是厌弃还是喜爱。"这就是说，不同的眼神，它能折射出人的内心的不同心理，传达着人的细微而复杂的思想情感，产生着不同的心理效果。因此，学会使用和解读眼神，学会用无声语言的交流——眼神交流，无疑对求职交谈、求职面试或商务洽谈，在很大的程度上能起到事半功倍的作用。

在求职交谈或面试中，求职者双眼要直视对方，敢于并善于同对方进行视线接触，这既是一种礼貌的表现，又能维持可持续联系、交流。因为这样，说明双方很放松、很自信，而且对互动中的交流非常关注。反之，如果是斜视，即斜着眼看人，则表示蔑视、轻视和不快。眼神在求职交谈或面试表达情感时，许多研究表明，如果高兴时，眼角会出现皱纹（鱼尾纹），或眼睛会发亮；如果回避目光接触，被视为不真诚或不值得信赖的表现；如果长时间"闭"眼，或东张西望，眼神飘忽不定，会被认为你心不在焉，是一种不尊重的表现；如果眼皮下垂，习惯低着头看地板，说明没有用心听对方讲话；如果频繁眨眼，说明撒谎或压力大；如果眯眼，说明对交流的内容产生怀疑、反对对方观点或不能理解对方的说法；如果总是窥探招聘人员的桌子、稿纸或笔记本，说明求职者紧张、怯懦、缺乏自信；如果不注意场合，长时间注视对方，会让人尴尬，尤其是异性。总之，在求职交谈或面试时，最好以期待的目光注视对方，或只带浅淡的微笑和不时的目光接触，这是最温和而有效的交流，也是求职交谈或面试的成功法宝。

二、身势语

1．点头

点头致意，是一种用点头并微微鞠躬表示礼貌的方式，适用于不宜交谈的场合。"点头致意"之礼虽然事小，但它能体现出一个人的风度、修养和礼数。求职面试时，"点头致意"有两种情况，一是面试者初到面试单位（场所）时，因面试官有多人在场，受时间关系的影响而又不宜一一问候时。这个时候，最好的方法是点头致意，并说："各位领导大家好，我叫×××，是来参加今天面试的，很高兴获得与大家近距离交流的机会。"这样，会给面试官留下一个良好的第一印象。二是面试开始时，进场礼仪除了守时外，最重要的一点就是用"您好"（或"大家好"）与面试室的人打招呼，并点头或微微鞠躬示意来表示礼貌，待面试官同意后方能进入。面试进行中，面试者要适时点头，这不但是一种与面试官的互动，而且也是在表明自己听明白了，或正在注意听，让面试官知道你在认真听他说话。这样，面试官会给你加分。

2. 握手

这是面试者初到面试单位（场所）时，见到接待人员或面试官的一种礼仪。

一般说来，握手表示对对方的尊敬，可以加深双方的理解与信任。初次见面，握手时神态要专注、自然，双目注视对方，面含笑容并向对方问候。初见面试官时，面试者不要急于主动伸手，面试官伸手后才伸手。握手时间也不宜太长，一般应控制在3秒钟以内。为了表示热情友好，握手时应当稍许用力，但不要太使劲，而且手必须是干燥、温暖的。同时，不要在握手时戴着手套或戴着墨镜，另一只手也不能放在口袋里。面试结束后，也可以通过握手表示感谢或告辞。

3. 手势

手势语是求职沟通中除了口头语言之外，所有交际行为中不可或缺的一种"无声的语言"。法国心理学家休乐热说过："人们交谈时说话本身的份量只占7%，语调占38%，面部表情和手势占55%，有时说了千言万语，一个手势就可以推翻。"这足以说明手势语在日常交际中的重要性。

在很多时候，手势语能直观地凸显人的情绪和态度，对于求职交谈或面试者来说，它既能辅助有声语言传情达意，又可以展示求职者的个性。如果手势优美自然，就会给人一种如沐春风般的愉快心情；如果手势柔和协调，就会让人自然地流露出一种感激之情；如果手势果断有力，就会让人感受到一股神奇的力量。

使用手势时，要自然大方，才能给听众以赏心悦目的美感，反之则会给人一种矫揉造作的反感；幅度要适中，不要太大，如果手势无节制或无规律，会给人觉得说话者很轻浮或狂妄，但也不要太小，会让人觉得说话者胆小拘谨，缺少风度，更不要迟疑不定，繁琐拖沓的手势又会使听众烦扰生厌，复杂模糊的手势会让听众迷惑难解，辨别不清其中的含义；不要单独运用手势，一举一动，都要和谐搭配，演讲者的声音、姿态和表情必须一致，这样才能给听众以独特的美感。总之，演讲者的手势既要舒展大方，又要自然流畅，既不可过于张狂，也不能过于拘谨。只有灵活多变，才能拨动听众的心弦。

4. 体姿

"站有站相，坐有坐相"，不同的人、不同的场合有不同的身体姿势，主要包括站姿、坐姿和步姿等。所谓"站如松，坐如钟，行如风"说的是用人的身体仪态所表现出来的一种气质与风度。在求职交谈或面试场合，求职者通过身体的坐卧立行等体姿语来表达求职的情感、意向和态度。一般说来，男性尚阳刚，女性尚温柔。因此，潇洒、刚劲、粗狂、强健的体姿，是男性的气质和风度，而细腻、温柔、典雅、娴静的体姿，则是女性的柔情和风姿。

求职交谈或面试，如果求职者是站着，回答问题时要保持规范的站姿，站得端正、稳重、自然、亲切，做到头正腰直、挺胸收腹、两肩放松，两腿直立，两脚靠拢，稳住重心位置，双手自然下垂或将文件夹放在身前，这样才能给人留下一种精神饱满、胸有成竹的好印象。站姿有前进式、稍息式和自然式三种。

坐姿包括坐姿和坐定的姿势。面试前，如果面试官没有邀请入座，不要轻易就坐，这样会被认为不礼貌。如果面试官邀请入座，不要说客套话，直接就坐就行。入座时要注意缓、轻、稳，以免碰撞发出声音。一般说来，面试的坐姿男女有别。男性就座时，双脚踏地、对齐，脚尖适度分开，双膝之间至少要有一拳的距离，双手放在膝上，如果穿着较正式的西装，应解开上衣纽扣。女性可以采取双膝并拢或小腿交叉并斜放一侧，或左或右，这样双脚是交成一点的，显得颇为娴雅，如果穿着套裙，入座前应收拢裙边再就坐，坐下后，两手掌心向下，自然放在两腿上。无论哪一种坐姿，都要面带微笑，保持自然放松。

步姿即走姿、行姿。求职者进场时，要注意动作、神态自然，昂首挺胸，收腹直腰，双臂随身体自然摆动，两眼平视前方，肩平不摇，步履稳健，面带微笑地走进房间。行走时，男性步履要雄健有力，走出坚定、自信的阳刚之美，而女性步履要轻捷优雅，走出温柔、矫健的阴柔之美。面谈结束后，步姿要保持进场时的自信从容，切忌背手、插兜、抱肘、叉腰，或漫不经心，也不能一步三晃。这样会被看作不雅、失态，或有失风度，可能会影响考官对自己的印象。

5. 其它

社交中的体态语言千变万化，求职交谈或面试还包括其它方面的身势语。下面再列举一部分：

（1）开门关门

求职交谈或面试开始前，进入面试场地（房间）时，一定要先敲门，等有了回应才推门进去，切忌没有敲门贸然推门而进，这是一种不礼貌的行为。进门后，要轻轻地把门关上。

（2）起身离开

求职交谈或面试结束后，起身的动作与入座时一样，要做到稳重、安静、自然，不能发出任何声音。一般说来，入座方向与退出相反。无论是起身还是退出，都要注意礼貌，即礼貌起身，礼貌离开。

总之，在求职交谈或面试中，求职者要力求把内在美和外在美都展现出来。美国人类学家霍尔教授曾说，一个成功的交际者不但需要理解他人的有声语言，更重要的是观察他人的无声信号，并且能在不同的场合正确使用这种信号。在求职交谈或面试中，一个无奈的眼神、一次会意的微笑、一个下意识的看表动作，展现出的是面试官不同的心态。求职者要学会破译对方的无声语言，从而迅速准确地调整自己的对策。交际中的无声语言是一门艺术、一门学问，也是一种技能。因此，求职者应该从细节入手，努力做到准确适度、得体自然地运用无声语言，争取在面试中一举成功。

第四节 求职面试的技巧

求职交谈或面试，要叩开成功的大门，求职者既要练好"内功"，具有扎实的专业知识，又要练好"外功"，掌握一定的面试技巧。具体说来，要想求职面试成功，一些面试的必要技巧必须学会。

一、主动有为，凸显高度

（一）主动打招呼

打招呼是人与人见面时的一种问候方式，也是一种礼仪。赴约参加面试时，如果轮到你的时候，要先敲门，敲门的力度不要太大，得到允许后再轻轻推门进去，并随手把门关上，关门的动作要轻。进门时要面带微笑，并主动和面试官打招呼，问好致意。面试官没有请你坐下时，不要轻易落坐。灿烂的笑容，礼貌的问候，既可以体现出自己的高度，也能为面试争取到好的第一印象。

（二）主动回避忌讳

无论是哪种面试，第一个问题大多是自我介绍，介绍工作履历及特长时，语言要简洁、精炼。但要注意，不要强调毕业学校的名气，更不要提及推荐人，因为这个人如果是领导，面试官会很反感的，不但不能为自己的面试加分，反而会减分，因为对方着重的是"你有什么优势或特长"，而不是你毕业学校有多大名气，人脉的地位有多高。

（二）主动了解用人所需

面试前，要对用人单位有一定的了解，这样才能知彼知己，面试时回答问题更有针对性。对此，除了了解单位的一般情况外，特别要重视了解需要哪方面的人才，以便面试时的沟通话语能够与招聘的职位相匹配。"人岗匹配"是人才招聘的重要原则，求职者的能力、爱好、特长与职位相匹配，就是这个原则的具体表现形式。例如：

某师范学校的语文组亟待聘用一位语文教师，此时有三位中文系的学生前来应聘并决定第二天面试，其中两位早早就休息了。而另一位女生却没有休息。她找到语文组的一位教师打听情况，她对这位语文教师说："请问老师，语文组一般设有哪些课程？"老师告诉她，语文组设有语音、语法修辞、文选三门课，现在急需语音老师。第二天面试时，校领导请三位同学自报特长。一位说他对现代文学很感兴趣，并且有论文发表过；另一位说，他对现代文学很感兴趣，而且擅长散文创作，已有六七篇散文见报了。那位女生则操着一口流利的普通话说："我喜欢现代汉语，尤其是语音部分。我希望能够为推广普通话尽自己的一份力量。"听了三位同学的自我介绍，结果校领导几乎一致通过，录取了这位女大学生。

该女生的一番介绍说得用人单位心动不已，为自己找到了一份理想的工作。她的成功之处就是能客观地分析自己，更了解市场的需求，站得高，看得远，把自己的特长和优势与用人单位的需求紧密地联系在一起，体现高度，亮出自己，所以她必然会取得成功。

二、选准角度，寻"点"切入

选准角度，"准"，即准确的意思。高考作文中的话题作文，话题宽泛，可写从不同的角度去写。面试中有些问题，也同样如此。一道面试题，要从哪里谈起？重点谈什么？怎样谈？凡此种种，都须选择一个合适的角度，寻找一个妥帖的"点"切入。"角度"，在面试中指求职者对**观点**表述方向，**或考虑**表述观点**的出发点**。寻"点"切入，这里的"点"，也即求职者在回答问题时的着眼点，"点"切入口选得准不准，往往决定求职能否成功。

在回答面试官问题时，有时会出现"辩论式"情况，如果遇到与主考官的观点相左时，不要固执己见、一味反驳，可以换一个角度，从可以缓和气氛的**"点"**切入，如："对于您刚才的看法，我似乎还没意识到……"，"您的看法，我也听说了，但有另外的说法……"，这两种回答方式，都是应对观点相左时的口才技巧，角度不同，切入点也不同，但充满智慧，既可以避免与面试官针锋相对，如果能自圆其说，还可以得到面试官的认可，甚至加分。

求职者如果是跳槽者，面试时有可能涉及离职原因之类的问题，在这方面应谨慎应对，适当留有余地，特别是要注意措辞。面试时，假如面考官对你说："我详细地看了你的资料，真不错，经济、法律双学位，还是个研究生，而且对企业管理都很精通，年轻有为啊！你能不能谈谈工作方面的体会？"很明显，"谈工作方面的体会"有很多的陷阱，跳槽无疑是与工作有关的，或人际关系、或工作制度、或薪资问题，凡此种种，必有因为什么才跳槽。对此，要避开问题所在，学会从另外一个角度谈体会，学会从不同的切入"点"说感想，这样才能"进可攻，退可守"，否则很难想象会被看好。下面的例子给人的教训很深刻：

有一位教师报名参加国家机关工作人员招聘考试。面试时，主考人翻阅着他的履历表，对他说："我详细地看了你的资料，真不错，经济、法律、管理都很精通，还会两门外语。业余时间拿到这些证书是很不容易的，年轻有为啊！你能不能谈谈学习方面的体会？"不料，该教师却说："可以。我这个人从小就爱看书，人家说我脑袋灵，可要说全部靠业余时间学也不可能。为了学习，我和校长闹了几次不愉快。老实说，我早想离开学校那穷地方……"主考人听了这番话，若有所思。结果，这位教师没被聘用。

三、您问我答，"妙""智"并用

"妙""智"并用，说的是面试时面对面对面考官的"问"，既要"妙答"，也要"智答"。通常情况下，大多数求职者要面对面试官的三种"问"，即挑战性之"问"、诱导性之"问"、测试性之"问"，这就需要求职者的"答"要既"妙"又有"智"。

假如面试官问："你刚毕业，没什么经验，能适合我们的要求吗？"如果回答"我看未必""不见得吧""你们不是招聘应届大学生吗？"如此回"答"，求职者虽然表达了自己的看法，但因否定太过于直白，显然是不会得到认可的。对于这类问题，要学会巧答、妙答，如："您的说法有一定道理，但不一定都是这样。"这样的回答，委婉表达了自己不同的看法，又不至于影响面试官的情绪。

有时候，学会智答更重要。假如面试官问："从你的经历、能力看，其实找到比我们公司好的单位也不难吧？"这个设问设定了一个特定的背景条件，任何的一种答案可能都不理想，需要模糊的智答。如果回答"是"，说明求职者"身在曹营心在汉"，如果回答"不是"，说明求职者对自己的信心不足。面对这样的问题，可以说："您一定不希望我成为你们的对手吧！"这样的回答，是一种智慧的较量，言语得体，柔中有刚，很能让面试官看出你的心计，因此会做出以免人才跑到竞争对手那里去的决定。

四、提升自信度，推销自己

面试如战场，求职者的自信心对于面试成功是一个关键的因素。求职者对自己自信、对所选职业自信、对企业自信，也是一种自我推销，只不过推销的不是商品，而是自己。许多求职者其实有能力，做事踏实，并非他们无法胜任工作，却因对自己缺乏自信，以至于难以博得面试官的青睐。

提升自信度，推销自己才会成功。作为一个求职者，在面试中强化自信心是很

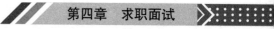

重要的，拥有充分自信心的人，面对困难和挫折，往往会不断对自己进行正面心理强化，坚持对自己说"我能行！""我很棒！"因而比一般人更容易获得成功。可以说，有自信的求职者，意味着已成功了一半。谦逊固然是一种美德，但在面试中，如果求职者明明专业知识和技术功底扎实，完全有能力胜任工作，面对面试官的问题，却以"差不多""马马虎虎""还凑合"应对，或者说："我可以多向领导请教，向同事学习，在实践中边学边干。"如果想以谦逊博得面试官的好感，这样很难让人看出你的自信心的，会适得其反，弄巧成拙。心理医生潘尼洛普·罗西诺夫说过："你要推销的第一个对象，是你自己。你越是对自己有信心，越能表现出一种自信的气概。"这句话是很值得求职者细细品味的。求职者应聘面试时，不要过于谦虚、客气，一定要充满自信，充分展示自己的才能，只有拿出足够的自信心和主动推销自己的勇气，这样才能获得成功。

五、表现风度，超越自我

在交流日益频繁的今天，人们对交往者的风度气质越来越重视。用人单位对于求职者的要求也同样如此。不仅要求求职者具有外在美，而且要展示内在气质，因为良好的气质风度可以凸显求职者的个人魅力。言语是一个人内在气质、涵养的外在体现，这就要求求职者在得到肯定或夸奖时，不要得意忘形，沾沾自喜；在被婉言谢绝时，不要满腹牢骚，心生怨气；遭到直言拒绝时，不要恶言相向，出口伤人；在可能受聘时，不要欣喜若狂，大肆张扬。总之，要始终保持一颗平常心，以高雅的仪表风度、技巧的言语艺术、良好的个人形象来展示自己的气质修养，加深面试官和评委良好的感觉和印象，从而在面试中赢得胜人一筹的成绩。下面的例子值得借鉴：

2020年华南师大生物系本科毕业生小杜到天马高新技术开发公司应聘，面试结束时人事部经理对她说："你回答得不错，遗憾的是我们优先选用研究生，本科生我们一般是不考虑的。你请回吧。"

小杜依依不舍地环顾四周，动情地说："谢谢各位老师给我这次面试的机会！我非常非常想加盟公司，你们的开拓创新精神太令我震撼了，以50万元资金注册，仅三年打拼，就跃升至两亿多元资产，新产品已进入国际市场，前途无量。我无缘参与天马公司的创新事业，十分遗憾！我衷心祝愿贵公司在创新路上如天马行空，一往无前！再见！"

第二天，小杜接到了天马公司的电话：她被录用了！原来天马公司的吴总听了她最后的告别语，非常赏识，拍板破格录用了她。小杜抓住天马公司最辉煌的业绩——三年里由50万跃升至两亿多资产，抓住了天马公司最宝贵的精神——开拓创新，大加赞美，羡慕之情、献身之意溢于言表，感动了吴总，使得自己绝处逢生，应聘成功。

六、把握"温度"，说话有术

开口说话，看似简单，实则不易。对于求职者而言，面试交谈时也有个把握"温度"的问题，言为心声，有"温度"地说话是一个人的修养，有"温度"的谈吐让人如沐春风，犹似半开的花美而含羞。话说急了有失风度，话讲得太慢容易被人误解，正确的交谈速度是快慢相间，快中有慢、慢中有快；有"温度"的说话是一个人的精神长相，有"温度"的谈吐不会出口伤人，不会较真，不会夸夸其谈，不会趾高气扬……

有两名刚毕业的大学生同到一家公司应聘。从外表来看，甲西装革履，颇有点风度，乙则相貌平平，穿着朴素。按理说来甲在面试中应占优势。但结果适得其反，乙被录取了。原来，甲自持自己口才好，不等主考官说完便滔滔不绝大发意见，中间不让人插话。而乙在交谈时，语速平稳，平静而又十分得体地叙述了自己的见解。主考官说，他从乙的叙述中，看到他礼貌、自信和稳重的品质，看到了他潜在的创造力。而甲语速过快，给他的感觉是有些轻浮，不扎实，干工作不会有实干精神。

所以面试时以什么风格、"温度"与主考官对话，要慎重选择。

第五章
竞聘演讲攻略

第一节　竞聘上岗的演讲特点

一、竞聘上岗

竞聘上岗是市场经济发展的产物。"竞"和"聘"是一个问题的两个方面，前者体现的是"能者上、庸者下"的用人原则，后者体现的是一个单位对人才的合理使用。从某种一定意义上说，聘任什么样的人比竞争上岗更为重要，竞争只是前提和形式，聘任才是内容和结果。

竞聘上岗是一项非常复杂的系统工程，它关系到整个竞争过程是否公正、公平，为了确保在公平、公正的条件下选拔出适岗人员，竞聘过程除了要严格按程序办事，做到信息公开、程序公开、结果公开，自觉接受监督外，还必须坚持公开、平等、竞争、择优，人岗匹配、人尽其才，任人唯贤、德才兼备等原则。

二、竞聘演讲

竞聘演讲，是人事竞聘上岗选拔制度改革中产生的一种演讲，或称竞职演讲，也称竞岗演讲。这种演讲，因为它是针对"竞聘"的"竞"，除了具有一般演讲稿的共性特点外，还有其"个性"的特点：

（一）目标的指向性

目标的指向性，是竞聘演讲区别于其它演讲的主要特征。这种演讲，"竞"是为了"聘"，因而有具体的、明确的、单一的目标指向。这就是说，演讲者在演讲时，一开始就要直接明确竞聘目标的指向，即参与某一职位（岗位）的竞聘，让评委、听众在第一时间明白演讲者竞聘的哪个职位（岗位）。这就像战场那样，敌人的军事设施是炮火攻击的唯一目标，指向性非常明确。而其它类型的演讲则不同，虽然都有一定的目的性，但不像竞聘演讲那样，目标单一，指向具体、明确。例如，一位高中生竞选学生会干部时，他的开场白这样说：

春天来了，我也来了，我驾着踌躇满志的春风而来，来竞选学生会主席。

（选自《应用写作》2007 年第 12 期）

这样的开场白，别出心裁地运用拟人化的手法，不但充满诗意的表达了自己的演讲的目的和心态，而且竞聘目标的指向明确，以其独特的情调和隽永的意味，迅速吸引和感染听众。

（二）内容的竞争性

竞聘上岗是一种充满竞争性选拔方式。竞聘演讲的竞争焦点是竞聘者的基本素质、自身所具备的条件，以及自己对施政的构想。施政构想是竞聘演讲的重头戏，是关键中的"关键"，其构想应尽量详细，措施要切实可行。竞聘演讲实力比拼固然是第一位的，但难分伯仲时，能否出心就显得尤其重要。因此，这部分内容要"敢为人先"，以超前的眼光、独具一格的创新思维，最大程度凸显新意迭出，独具一格的"优势"来，这样才能在竞争中胜人一筹，像磁石那样吸引听众，赢得掌声。例如，2009 年，湖南第一师范学院实行全院中层领导干部公开竞聘上岗，其中有篇竞聘演讲稿，在正文开头做完自我介绍后，结尾处这样写：

从教 25 年，当科级干部 11 年，现竞聘 ×× 系党总支副。我没什么优势，只有三句感受与决心，那就是无怨无悔、无私无畏、无欲无求！

（选自《应用写作》，2020 年第 8 期）

竞聘演讲，竞争往往是十分激烈的，要求演讲必须新意迭出，独具一格，一般说来，参与竞聘演讲者的心理，大多注重挖掘和展示自身"人无我有，人有我优"的优势、强项，以求在竞争中胜出。但这篇竞聘演讲稿的作者，在正文开头结尾却说"我没有什么优势"。这在人们都是"优势"演讲中显得颇为"另类"，没有优势拿什么来竞争呢？紧接着，"只有三句感受与决心，那就是无怨无悔、无私无畏、无欲无求"。也就是说，"我"虽无"优势"，但有"感受与决心"。究竟有什么样的"感受与决心"呢？这种欲进先退的写法，往往能引起听众的极大兴趣和热烈反响，在很大程度上促成了演讲者当选，可见作者之独到匠心。

（三）主题的单一性

主题是竞聘演讲的"灵魂"和"统帅"，要求凝练、单一、集中。这就是说，一篇演讲稿的主题要集中，重点突出，这样才不会造成演讲的头绪纷繁，结构松散，以致演讲缺少一根贯穿整体的主线。总之，要紧紧围绕一个主题，把问题讲清楚、讲深透，使演讲的重点突出，给听众留下深刻印象，以此去争取招聘者的认同。

竞聘演讲离不开自我介绍，在这个环节上，如果面面俱到地介绍了自己大半生的经历，"全方位"的罗列自己曾经取得的成绩，这样会造成了立意分散，让人产生一种"喧宾夺主"的反感。

　　我叫林××，2021年毕业于××师范大学汉语言文学系，出身于农家的我，在××师范大学成长、成熟，既有农民勤劳、质朴的性格，又有教育家有"见"有"行"的责任感，自信能胜任教育教学工作。

　　这样的开头，这样的自我介绍，既"立主脑"，又"减头绪"，一个有理想、有责任感的"我"，活生生站在听众的面前。有"见"有"行"为下面演讲主题的展开作了铺垫，"镜头高度聚焦"，很容易在听众心中燃起共鸣之火。

（四）选材的实用性

　　一场成功的竞聘演讲，必须要考虑演讲的"金字塔"全局，处在"金字塔"最低端的也是最重要的材料，可以是自己的，也可以是别人的，但必须强调，所选材料要真实而且符合实际的，能体现自己的优点，为己所用。竞聘演讲是"竞争"，并非是比赛谁能"吹"，谁能用嘴皮子"甜"人。好的材料要有目标，要从"自我"出发，从对自己竞争"有利"的实际情况出发，这样才能传递演讲对听众（评委）的收益。事实上，所有公众演讲的目的，都是对有价值信息的传递，听众（评委）边听边在"掂量"竞聘者的每句"话"是否能在现实中发挥作用并真正取得效果。那种表决心似或喊口号似的演讲，听众一般是不买账的，而那种发自肺腑的直面现实的演讲才是听众（评委）认可并最受欢迎的。2009年，湖南第一师范学院实行全院中层领导干部公开竞聘上岗，其中有篇竞聘演讲稿，在第三部分这样写：

　　我们摸索出了做好学生工作的土办法。那就是：1. 和沙子。沙子是抓不起的，要捧来，然后加水泥搅拌，才能合成混凝土。2. 捉鳝鱼。不用力，跑了，太用力，溜了，必须掌握其习性，找到其路径，带它出来。3. 沤黄麻。如果直接剥取其纤维，一点用也没有，必须沤它一段时间，才能柔韧无比，才能成大用。4. 打金器。既要特别舍不得丢，永不言弃，又要特别舍得打，要千锤百炼，精雕细琢，才能成大器，放异彩。是的，规矩从来宗匠定，我成宗匠也成天！我们有理由相信，只要我们团结一心，上有组织的坚强领导，下有群众的集体智慧，我们的目的一定要达到，我们的目的一定能够达到！

（选自《应用写作》，2020年第8期）

　　在这部分，作者总结出做好学生工作的4个"土办法"，是作者在亲身实践中的原创，没有背书式、模板式的"假大空"的套话、废话，给人一种直接亮"干货"的朴实、新颖的感觉，让受众听来犹如从深受汽车尾气威胁的城市水泥丛林中走进白云蓝天的乡村，给人以山清水秀，空气清新的感受。

（五）表达的情感性

竞聘演讲拼的是实力，除了"硬"件之外，在表达上还要有充满激情的真情实感。俗话说"言为心声"，演讲者要用"心"去讲、去叙述，做到情感的流露出自内心，发自肺腑，这样才能声情并茂，声随情走。这就是说，只有把真挚的情感融入竞聘演讲所讲的"事""理"之中，才能引起听众的"共鸣"。因为"情"如同"事""理"那样，不但是竞聘演讲中不可缺少的要素，而且是最有活力、最能调动听众情绪的要素。从这个意义上说，富有情感性的语言表达，无疑是竞聘演讲成功的助燃剂。

美国政治家柏寿安说过："通常所谓口才流利，就是说那人说话是从心底里发出来的，里面充满了热忱。一个诚恳的演讲者，不怕缺乏知识；一篇能够说服听众的演讲，能够把自己的心与听众的心融合为一，而不是单单把自己的记忆移入对方的记忆。演讲者要欺骗听众比欺骗自己都要难。"的确，感情是形于内而发于外的，演讲者所讲的"事"要想感染别人，必须要有对"事"的独特体验和鲜明的态度，即先把自己内心的情绪释放出来，让自己为之感动。一般说来，演讲需要用情，而用真情的演讲，都是由演讲者所讲的"事"引发的，它往往是演讲者的人生感受和价值取向的体现。进而言之，演讲者所讲的"事"，是以说理为主的，目的在于以理服人。因此，演讲者在演讲中由"事"引发出来的强烈情感，是在叙事说理中的自然流露，即在叙事中产生道理，使之"事"更加感人，"理"更能让人接受，从而引起听众的情感"共鸣"。例如，于华在中华女子学院演讲中，有这样演讲词：

后来我们女孩子干的活儿叫"闯活儿"，就是那种铜版纸厚厚的一摞，咔，下去以后，把它抢起来，就这样一下我们手上就同时十几条血口子，但是你不能带手套的，人家手上都凭着点儿汗带起来，但是人家大姐手上都有茧子了，我们这个手一下子血就下来，但是这个活儿你得干，而且我们肩膀没有劲，那个活多重啊，天天那么抢啊。这是我们当时干的活。

……我为什么说在第二个阶段我们真的非常快乐？因为其实我后来直到今天，我都很惭愧地说，我再也没有一个完整的阶段能够和草根阶层完成这样一种水乳交融。那种时候，你觉得你是他中间的一员，你吃的喝的都是他们的，你受他们的保护和恩典，那种时候，你跟他们是完完全全一样的人。所以，大家其实知道，有那么一段日子，如果你们会想说，这从上小学一直到硕士毕业，根本就没有离开校园的，一下子给扔到村里，这日子怎么过呢？你去发现价值吧，不仅有价值，而且有快乐，而且有尊严。

于丹演讲所讲的"事"，是她大学毕业后的第一份工作，即在一个印刷厂工作。那是的她，做的是一种被称为"闯活儿"的活儿，对一个刚走出校门的女孩子来说，这是一种比较艰苦的体力活。尽管如此，在经历第一段心理落差后，她悟出了"能够和草根阶层完成这样一种水乳交融"的价值，最终获得了快乐，这可谓因"事"而得"理"。一般说来，不管是什么演讲，演讲内容都要体现普遍的真理性，只有这样，才能在心理上给听众留下理性的积淀。显然，于丹在演讲的内容表达中，抓住了苦乐交汇的"动情点"，鼓动现场的大学生树立正确的苦乐观。这种情感显然是一种个性和共性统一的情感。从某种意义上说，只有这种情感，才能引发听众更加广泛的情感"共鸣"，从而使听众内心发挥出更加强大的情感效应。

（六）思路的条理性

思路，就是演讲者逻辑思维的条理脉络。逻辑是进行正确思维和准确表达思想的重要工具。那么，竞聘演讲怎样才能做到逻辑思维条理分明呢？关于条理性，可以从内容和形式两个层面来说。从内容上讲，指的是演讲内容要讲究章法，主次分明，重点突出，有一定的层次感，尤其是内容之间的逻辑关系要明确、严密，这样才能确保演讲话题前后逻辑一致，论据环环相扣，相互支撑。论据是为了证明观点的，因此两者的联系必须紧密一致，让论据与观点相互辉映，从而揭示论据与观点之间内在的逻辑关系；从表现形式讲，主要是演讲者能够通过一些逻辑词的使用，把自己的演讲先讲什么、后讲什么串联起来。逻辑词的使用，如"第一，第二，第三"、"首先、其次、再次、最后"等。

语言是思维的外壳，如果演讲者思路闭塞，演讲就会像无源的枯井，无话可说。同样，如果思维混乱，演讲就会像醉酒者那样一派胡言，言而无序。思路是演讲稿写作不可回避的一个问题。关于这个问题，叶圣陶先生有一个形象的解释："思路，是个比喻的说法，把一番话、一篇文章比作思想走的一条路。思想从什么地方出发，怎样一步一步往前走，最后达到这条路的终点，都要踏踏实实摸清楚，这就是注意思路的开展。"这里，作者把一番话、一篇文章表达"思想"的构思过程的思维轨迹，比喻成"思想"走过的一条路。从演讲稿写作的角度看，"思路的开展"就是演讲稿的写作要透过表面的语言形式，弄清段落之间句子与句子之间的逻辑关系，段落与段落之间的逻辑关系，以及整篇演讲稿的逻辑关系是怎样相互联系，组合成一个整体的。这就是说，演讲的语言表达要条理清楚，层次分明，就必须经过严密的思考，确定话题表达中心、重点、顺序，让听众明白演讲所要表达的主旨思想，以及怎样开头、怎样过渡和怎样结尾，即如何表达。"思路的开展"关键在于有清晰的思路，叶圣陶先生对此还有精辟的论述："思想是有一条路的，一句一句，一段一段，都是有路的，这条路，好文章的作者是绝不乱走的。"演讲稿写作也是如此。

（七）语言的"准确"性

准确，一般是指遣词造句要合乎一定的语法逻辑，表达清晰，讲究口语修辞的贴切、自然、生动，注意词语的感情色彩和语体色彩，能够恰如其分地表情达意。竞聘演讲中的准确，从实际运用上说，这只是口语表达上的准确。除此之外，还有内容表达上的准确，这对于竞聘能否成功至关重要。因此，演讲时必须注意两点：一是演讲中涉及的各种材料、数据，都必须是自己亲身的经历所积累的，一定要确切、清晰地表现出自己所要讲述的事实与思想，只有"求真求实"、准确无误的内容表述，才能逼真地反映出真实的"我"的现实面貌和思想实际。总之，竞聘演讲稿的撰写，要的是说一个真实的"我"的心里话，而不是说职场常见的那种皆大欢喜的"时髦"话、套话，更不能说缺乏自己的生活真实，从别人那里抄来的"新鲜"话。因为每个演讲者都有自己的个性，正如马克思所说："你怎么想就怎么写，怎么写就怎么说。"这告诉我们一个道理，不管是"说"还是"写"，都要用"我"的个性化材料和真实感受来写、来说，而不是摘抄别人现成的文稿。这样才能更加真实地体现自己，才能更加富有吸引力；二是竞聘演讲是以"我"为核心展开的，演讲中涉及自己的经历、业绩等内容，都必须是客观存在的事实，并且要尽量具体，如参加职业技能竞赛情况，最好把在什么时候、什么地点、什么范围参加比赛，以及获得什么等级奖项说得清楚明白，切忌用"曾多次获奖"敷衍了事，这样很难让评委、听众接受。同时，要注意掌握分寸，不要自以为是，仅凭主观臆想，忽视别人的能力，抬高自己，也不要夸大其词，无实事求是之意，哗众取宠，否则就会让人产生逆反心理，从而导致自己的演讲失败。

第二节　竞聘演讲的应对策略

竞聘（岗）演讲是竞争上岗的面试方法之一，一般在笔试成绩合格后进行。这种演讲不同于一般场合的演讲，演讲者面对的观众主要是评委，即考评组成员，另一部分观众是参与竞争的其他竞聘演讲者。通过竞聘演讲，评委和听众可以充分认识竞聘演讲者，了解他们的优势和不足，评价他们的施政构想是否合理。从这个意义上说，竞聘演讲对每个竞聘者的职业生涯至关重要，应予足够的重视。

一般说来，竞聘演讲包括演说前的准备、演说、答辩几个部分，本节就演说准备（演说词、心理咨询准备）和演说进行论述。

一、竞聘演讲词写作的准备

随着我国人事制度改革的推行，"公开、平等、竞争、择优"成为选拔人才的一个重要原则。因此，参加应聘的对象，除了经过考试、考核外，在一定的范围内发表竞聘（岗）演讲已成为竞聘者走上岗位不可缺少的的途径。在这种背景下，作为一种新的文种，竞聘演讲词由此出现。

正因如此，竞聘者要想在竞争上岗中得到认可，并进入组织部门的视野，除了学历水平、素质要求外，是否掌握竞聘演讲的语言艺术成为一项重要因素。如果在考试、考核分数同等的情况下，演讲水平的高低便成为竞争能否成功的决定因素，而演讲水平如何，除了演讲者的心理素质和口头表达能力外，演讲词的写作无疑成为关键。

竞聘演讲是竞聘者针对某一岗位，以竞聘成功为目的，在特定的时间和场合，本着对单位负责的态度，面对特殊的听众介绍自己，展示自己，推销自己，就本人的竞聘条件、竞争优势、施政纲领（目标和构想）等内容发表的公开演讲。因此，要在竞聘演讲中脱颖而出，关键是重视竞聘演讲词的写作技巧，把握竞聘演讲词的写作要求。所以，在撰写演说词之前，应该有一个思考与准备的过程。

（一）了解竞聘职位

首先，对竞聘的岗位的基本情况要有所了解，除了有关职责、职权、工作内容、权利义务外，同时还要关注业务技能要求，以做到心中有数，才能有的放矢地提出自己的目标、打算和施政设想。

其次，要了解竞聘岗位的报名情况，岗位招聘人数，如有可能，还要尽量了解竞争对手，即竞聘同一岗位的人员目前岗位、能力等相关信息，特别是要避开扎堆热门的岗位，只有知己知彼，才能从中挑选适合自己的职位。

（二）要有角色意识

生活中，每个人都要有角色意识，竞聘演讲也是如此。竞聘的"角色意识"，指的是竞聘者在撰写演讲词前，必须先把自己假设为某一职位的角色，明确意识到自己对某一职位正担负着的责任。一个缺乏责任感的人，不管有多大的才能，是不可能赢得人们的信任与尊重的。因此，竞聘演讲词要体现出强烈的角色责任感。

有了对某一职位强烈的角色责任感，才会有对职业情有独钟的"爱"，才会意识到社会及他人对自己行为的期待，工作才有激情、有动力，并决心努力用自己的行动去表现。这就是说，在竞聘演讲中，要抒发对某一职位这一角色的热爱之情，只有写出对某一职位的角色理解，才能在演讲中胜人一筹。

（三）要有创新与创新意识

就竞聘演讲而言，创新是指演讲者在演讲中要有自己先进的、有价值的思想，即有自己独到的见解，这种见解是演讲者对创新与创新的价值性、重要性的一种认识水平、认识程度，以及由此形成的对待创新的态度。创新意识的目标和价值指向性单一而明确，它激发着人的主体性、能动性、创造性的进一步发挥，从而使人自身的内涵获得极大丰富和扩展。因此，竞聘演讲词一定要有新意，因为竞争对象不是一人，如果没有创新与创新意识，那就难以与人家竞争。

（四）语言质朴纯真的文风

和其他的演讲一样，岗位竞聘演讲要使用大众化的朴实语言，讲究语言质朴纯真的文风。具体说来，朴实的语言特点是质朴无华，语言平实，清新自然，文风纯真，全然不带雕琢的痕迹，带有一种"上口""入耳"的流畅感，这就要求演讲不说大话空话，不能说外行话，要让听众听懂。如果语言艰涩难懂，空话连篇，演讲就会失去意义。为此，演讲稿的语言要力求做到通俗易懂。

老舍说过："我们的最好的思想，最深厚的感情，只能被最美妙的语言表达出来。若是表达不出，谁能知道那思想与感情怎样好呢？"由此可见，要写好演讲稿，只有语言的明白、通俗还不够，还要力求语言生动感人。由此说来，演讲语言还表现在用形象、生动的语言，把抽象化为具体，深奥讲得浅显，枯燥变成有趣。这样演说词，才能争取评委和听众的认可和赞扬。

二、竞聘演讲词内容的构成要素

"竞聘"演讲词的写作，其内容的构成要素大致可分为四个部分或者说四段论，具体表述如下：

（一）目的与态度

竞聘演讲的目的，实质上也就是演讲的社会目的，可从"横""纵"两个方面加以分析。"横"的方面，包括两个方面：一是从宏观上说，就是演讲者站在贡献社会的高度，激发听众产生共鸣的情绪，以取得共识。二是从微观上说，演讲者提出自己对竞聘岗位的理解与认识，把自己推荐给招聘单位，并在此基础上说明自己可以在竞争的职位上施展才华，发挥长处，实现自身应有的价值。"纵"的方面，也包括两个方面，即现场的目的和散场后目的。这一目的完全从现场和直观效果反映出来，而演讲者追求的不是现场的目的，而是散场后的目的，即自己的演讲不但是成功的，而且得到认可并成功应聘。最后，应该表明自己参加竞争的态度，既要说明自己的优势和信心，又要表明自己对竞争成功与否的认识态度。

这部分要言简意赅，写出对职位角色的理解，体现出演讲者的世界观、人生观和价值观，给人以真实感和诚实感。

（二）展示自我

竞聘演讲，其实就是推销自己。那么，在竞聘演讲中如何展示自我才能脱颖而出？对此，可从下面几个方面入手：

1．展示一个充满自信的自我

竞聘是一场无硝烟的战场，竞聘者唯有充满自信地走上演讲台，展现能力的自我推荐材料，把自己的年龄、学历、专业、工作经历、特长、担任主要职务的时间，以及获得的荣誉等娓娓道来，主动寻找位置，才能展示出"我"的良好的形象，得到别人的尊重，甚至欣赏。

2．展示一个自强不息的自我

古语云："天行健，君子以自强不息。""自强不息"就是志存高远，永不松懈，体现了风风火火闯事业的饱满激情与蓬勃向上的自我形象。自强者，他们藐视困难，坚信"天生我材必有用"，面对人生中的暗礁与险滩，奋力搏击，勇往直前，相信自己也会傲立于世，做一个干出一番事业的人。

3．展示一个独具个性的自我

每个人都有令人耳目一新的个性化的一面，展示与众不同的"自我"是征服评委的妙策。只有个性的演讲才能彰显自我。独辟蹊径的思维，见解独到的观点，思想成熟的表达，是竞聘者演讲的努力方向。模式化的演讲就无法张扬个性，竞聘者的才华和潜能自然也就无法显示出来。没有个性的演讲就会随波逐流，因为竞聘演讲不仅需要知识与能力，更需要智慧的个性显现。

4．展示一个内涵丰富的自我

柳青《创业史》第二部第十一章写道："在苦难中长大的梁生宝是个内涵很深厚的人，这小伙的才能和德性是轻易不外露的。"这里所说的"内涵"，指的是一个人的内在涵养或素质。这是一个人立身处世的前提，因而在考察竞聘者时，无疑是必须关注的问题，而且是首要的问题。由此可见，竞聘的关键其实在于无情的"竞争"，这就告诉我们一个道理，竞聘者在演讲时，在展示才华的同时，更应展示自己的德性，不要以诽谤或贬低别的竞聘者的方式来树立自己的形象，这样以自己的内涵力量去打动并感染评委和听众。总之，不要因有"醉倒群芳"横溢才华，倒在应有的人生观、价值观、世界观的"德性"。

（三）竞聘成功后的工作思路

竞聘成功后的打算，即工作思路，是把上岗后的工作和行动以前，为完成某段时间内的任务而预先拟定的筹划和安排，既包括事先预定的指标，各项工作的目标、任务，以及如何创新工作思路，以保证工作目标的实现，也包括达成目标、完成任务而制定的步骤、措施。在工作思路的计划中，开头可以系统地回顾岗位职能部门现状的各种情况，抓住主要特点，对其经验和教训进行分析总结，然后对存在问题的原因加以剖析，提出具有开拓性、创新性、建设性的工作设想。这部分是工作思路的重点，事关工作能否按照既定目标顺利开展。在写法上，可采用条款式写法，根据工作设想分层次依次列出，要尽量做到内容细化，但不能有任何假设的设想，必须依据可行性、科学性、统筹性、效益性等原则，内容既要实在，又要体现创新精神。总之，这部分要说清楚拟定工作思路起因、理论和现实依据，以及工作目标的要求等。

（四）竞聘成功后的工作方法和措施

从工作计划的写作角度看，这部分是第三部分的延伸。工作思路有了目标、任务和具体指标，还必须有行之有效的方法和措施。工作方法是指受聘者在具体岗位工作的过程中，为达到一定目的和效果所采取的办法和手段，而措施是指对具体工作、任务完成的做法要求、时限或效果等作出明确的规定。这部分要围绕目标、任务和指标展开，有针对性地突出阶段性工作重点，特别是措施要有可行性，不要有过多的理论阐述，应重在工作实践，不能做到、办不到或远期的事情不要写。这部分内容应与第三部分有紧紧的联系，前后呼应。

上述第一、二部旨在展现应聘者的职业观和职业精神面貌，第三、四部分其实是就应聘成功上岗后的工作计划，但不管怎样，只有四个部分构成一个整体，这样才能算是一篇完整的竞聘演讲稿。

三、撰写演讲词应注意的问题

（一）主题要鲜明突出

竞聘演讲是竞聘者针对某一竞争目标而形成的理性判断，因其目的性强的特点，要求主题突出，演讲内容必须围绕一个中心，否则会不知其所言。一般说来，其主题要体现演讲者所具备的优势和打算。总之，竞聘演讲是针对竞聘岗位而来的，演讲稿的撰写，主题上一定要标新立异，以个性化形象呈现出积极进取的精神风貌，这样才能给听众在众多演讲中记忆深刻，演讲效果才能达到最大化。

（二）开头要新颖精彩

竞聘演讲是限时的，因而精彩而有力的开头显得异常重要。一般说来，竞聘演讲稿不同于其它的演讲稿，它无须追求艺术的表现手法去吸引听众，开头可开门见山，直截了当地向听众介绍自己，说明参与竞聘演讲的中心意向。总之，开头要做到言简意赅，干净利落，并且新颖而精彩，这样才能给人以洗练明快的感觉。2009年，湖南第一师范学院实行全院中层领导干部公开竞聘上岗，下面是其中一篇演讲稿的开头：

尊敬的各位领导、各位老师、同志们：

大家好！

我叫苏××，1984年毕业于××师范大学中文系，在×××师范学校教学12年，1996年调往湖南××职业学院，1997年起任教务处副主任兼图书馆馆长，直至2004年调入第一师范，任专职书法副教授。2006年5月又出任××系党支部副书记至今。从教25年，当科级干部11年，现竞聘××系党总支副书记。我没什么优势，只有三句感受与决心，那就是无怨无悔、无私无畏、无欲无求！

（《应用写作》2000年第8期）

这篇演讲稿的开头与众不同，竞聘者往往喜欢挖掘和展示自身的优势，强调突出"人无我有，人有我优"的强项，但作者在简要介绍履历后，却说"我没有什么优势"。这样的开头显得颇为"另类"，却也是其精彩之处，没有优势，拿什么和人家竞争？对此，竞聘者接下来单刀直入，直接告诉听众，说"只有三句感受与决心，那就是无怨无悔、无私无畏、无欲无求"。其言外之意是"我"虽无"优势"，但有"感受与决心"。究竟有什么样的"感受与决心"呢？这无疑抓住了听众的心，吊起大家的胃口，于是竞聘者慢慢道来。其中透着谦逊，又带着悬念，可见作者之独到匠心。

（三）结构要紧凑严谨

结构严谨，指的是演讲稿撰写思路的展开，要做到演讲稿的外在结构形式和内在情感脉络和谐统一，它是谋篇布局、段落层次、主题情感等多方面的整合，即各部分布局合理，层次分明，条理清晰，部分与部分之间有过渡、有照应，首尾呼应。那么，在实际的写作中，如何才能从真正的意义上做到结构严谨呢？对此，除了"凤头""豹尾"要紧密照应，做到"凤头"掷地有声，扣人心弦，"豹尾"打动人心，余味悠长外，关键在于"猪肚"要衔接巧妙，过渡照应。"过渡"，指的是段与段的衔接，它是演讲材料的粘合剂。一般说来，演讲思路的层层深化，叙事材料的更迭变化，总分起止以及表达手法的转换等，都要安排过渡。过渡的形式可以用关联词、过渡句，也可以是过渡段，但不管采用哪种形式过渡，都必须承上启下，力求能使结构自然、紧凑、严密。另外，在行文过程中要自始至终把握好整体，用整体去统帅局部，除了注意首尾照应外，还要讲究前后文内部的照应，各部分与演讲主题的照应。如果演讲稿内容之间缺乏照应，就会给人一种结构支离破碎、内容松散零乱的感觉。俗话说，主题是文章的"灵魂"，材料是文章的"血肉"，结构是文章的"骨骼"，演讲稿也同样如此。从这个意义上说，没有完整的"骨骼"，就没有严谨的结构，这样血肉也就无所依附，灵魂也就悟出寄托。正因如此，演讲稿结构是否层次清晰，说理严谨，对于演讲能否成功至关重要。

（四）结尾要精悍有力

和写文章的开头、结尾一样，竞聘演讲稿的撰写方式并非是唯一的。从这个角度来说，不管是哪种方式的结尾，只有精悍有力的结尾，才能打动人心并给人一种余味悠长的感觉。"精悍有力"的"力道"，一是要照应"开头"，二是要表达出"真情实感"。正如谢榛《四溟诗话》所说，好的结尾"当如撞钟，清音有余。"如柴静《认识的人，了解的事》演讲稿的结尾：

一个国家是由一个个具体的人构成的，她由这些人创造，并且决定。只有一个国家拥有那些能够寻求真理的人，能够独立思考的人，能够记录真实的人，能够不计利害为这片土地付出的人，能够去捍卫自己宪法权利的人，能够知道世界并不完美但仍不言乏力，不言放弃的人，只有一个国家拥有这样的头脑和灵魂，我们才能说我们为祖国骄傲。只有一个国家能够尊重这样的头脑和灵魂，我们才能说我们有信心让明天更好！

（《文苑（经典美文）》2011 年 11 期）

柴静这篇演讲虽不是竞聘演讲，但她通过十年前、五年前、去年、七年前所认识的"人"和所经历的"事"，讲述了家国情怀的故事，结尾处运用感情激昂，富于号召力、鼓动性的语言收束全文，借前文所叙的人和事抒发自己的内心情感，以进一步激起听众的情绪、信念，煽起"火焰"，奋起行动。

第六章
营销口才

第一节　营销口才的基本知识

　　营销是市场营销的简称，又称市场学、行销或行销学。市场是营销的战场，营销人员从事的是直面竞争并具有极大挑战性和诱惑力的职业。从这个意义上说，营销口才与营销活动相伴而生，犹如一对孪生姊妹，营销活动的成败与营销口才有着密切的关系。

一、企业的营销文化

　　营销是市场经济竞争的产物，其本质为消费者创造、传递价值的过程。市场竞争和消费者需求变化，是营销实践和营销理论演变的核心动因。不同时代、不同市场环境和竞争态势，形成了对营销的不同理解。前商业部部长胡平指出："在现代市场经济活动中，存在两只看不见的手，一只手是市场经济，一只手是文化。经济和文化双向推进，实现一体化，这是世界性的潮流。"因此，对营销的认识不能仅仅停留在经济范围的层面，而必须充分认识到营销中文化的巨大作用。

（一）营销文化

　　从企业发展特点看，企业可分为市场导向和文化导向两大类型。从企业可持续发展的实践看，市场导向型企业不但不排斥文化，反而越来越重视企业文化建设；文化导向型企业不但不排斥市场，反而越来越重视市场营销。由此可见，企业肩负推销产品和传播企业文化的双重任务。企业营销和企业文化是一对孪生兄弟。这就是说，企业营销是一种物的传递方式，又是一种人际交流的文化形态。

1. 营销文化的含义

　　作为一种文化现象，营销文化和其它文化一样，有广义和狭义之分，广义的营销文化，即宏观营销文化，它是社会生活中涉及宏观营销的所有文化元素，包括社会价值取向、营销法律法规、营销伦理道德、消费流行风尚等；狭义的营销文化，即微观营销文化，它是社会生活中涉及微观营销的所有文化元素，具体体现在营销理念文化、营销行为文化、营销物质文化等。营销文化是指企业营销人员在商品营销过程中形成的、贯穿于企业营销活动过程中的一系列指导思想、文化理念以及与营销理念相适应的规范、制度，并为大多数消费者认可和识别的各种营销意识等的总称。营销文化的精髓是营销理念及其价值观。

2．营销文化中的口才智慧

营销文化向人们展示的是营销理念、营销态度与营销信仰，在市场营销中，它作为一个十分重要的影响因素，已经渗透到了营销活动的各个环节中，营销中的推销便是其中之一，而推销需要沟通交谈，可见营销口才对于企业的发展是至关重要的，正如西方企业家所说："没有推销，就没有企业。"

《孙子兵法》："攻城为下，攻心为上。"这是兵法的核心思想，也是营销口才至高无上的法则。营销活动单靠理性的论据说服人，过程长而且往往收效不大，应该从内心深处打动对方，说服对方动摇、改变、放弃己见，信服、同意并采纳你的主张，但不能使对方丝毫有被迫接受的感觉。

营销文化中的口才故事很多，木梳是用来梳头发的，和尚是没有头发的，怎么才能让和尚买木梳？这是一家公司在招聘业务主管时的一道面试题。以下是这个销售的小故事：

一家大公司扩大经营招业务主管，报名者云集，招聘主事者见状灵机一动，相马不如赛马，决定让应聘者把木梳卖给和尚。以10天为限，卖的多者胜出。绝大多数应聘者愤怒，出家人要木梳何用？这不是那人开玩笑嘛，最后只有三个人应试。

十天一到。主事者问第一个回来的应试者："卖出多少把？"回答是："1把"，并且历数辛苦，直到找到一个有头癣的小和尚才卖出一把。

第二个应试者回来，主事者问："卖出多少把？"回答是："10把"，并说是跑到一座著名寺院，找到主持说山风吹乱了香客头发对佛不敬，主持才买了10把给香客用。

第三个应试者回来，主事者问："卖出多少把"回答是："1000把。不够用还要增加。"主事者惊问是："怎么卖的？"应试者说："我到一个香火很盛的深山宝刹，香客络绎不绝。我找到主持说，来进香的的善男信女都有一颗虔诚的心，宝刹应该有回赠作为纪念，我有一批木梳，主持书法超群，可以刻上'积善梳'三个字做赠品。主持大喜，我带的1000把全部要了。得到梳子的香客也很高兴，香火更加兴旺，主持还要我再卖给他梳子。"

把木梳卖给和尚，听起来匪夷所思，但在别人认为不可能的地方开发出新的市场，那才是真正的营销高手。不同的思维，将引领不同的作法，导致不同的结果。

二、营销口才基本要求

（一）符合与时俱进的营销新理念

市场营销是最富变化性、动态性的领域之一。在新型网络经济的环境下，一些新兴事物的出现改变了企业的生存环境，市场营销也发生了深刻的变化，企业之间的竞争步入"战国时代"。因此，新的营销理念也随之应运而生，诸如网络营销、绿色营销、关系营销、服务营销、品牌营销、互补营销等，这种新的营销理念不同于"利润导向"的传统产品营销，它把"形象导向"放在首位，强调的是消费者终身价值，只有让消费者满意了才能够留住消费者，才能提高消费者的忠诚度。这就是说，市场营销新理念选择的是通过销售活动取得消费公众的信任，从而达到树立良好的形象的目的，并以此追求长远的利益。所以，在营销活动中，营销语言作为营销手段的基本环节，必须符合与时俱进的营销理念。

（二）了解并满足营销对象的需求

作为营销人，我们经常听到这样的说法："要了解并满足消费者的需求，消费者才会购买我们品牌的产品。"那么，消费者的需求是什么？答案是享受到物有所值的产品和服务。这里所说的"物有所值的产品"，即产品要满足消费者对健康的深层次追求和个性愉悦的需求，而"服务"则指服务营销，即满足消费者及时化和售后服务需求，它是营销员在充分了解消费者需求的前提下，为满足消费者需求在营销中所开展的一系列活动。服务作为一种营销组合要素，是营销员的职责之一。从这个意义上说，营销技术的本质是"如何赢得消费者"的技术，那种"一次性交易"是一种不道德的市场行为。这就是说，营销语言必须抓住消费对象即消费者的消费心理，这样才能促成营销。

（三）准确并及时传递营销信息

营销信息的准确收集和及时传递，对营销有着至关重要的作用。营销信息的准确性是指营销信息客观要求信息来源可靠，传递过程不"失真"，及时性则指传递速度越快越有价值。由于营销环境的不同，营销主体与营销对象之间，有时会出现营销信息"传而不通"或"误传信息"的现象。例如美国通用汽车公司向拉丁美洲地区营销"OVA"牌汽车，这个汽车牌号在当地被误译成"不走"，通用汽车公司发现及时，改牌号为"Savage"（猛烈）准确地传递了营销信息，从而消除了滑销的危机，可见，在营销过程中，营销信息的准确并及时传递是十分必要的。

（四）掌握营销攻关的语言艺术

西方有位哲学家曾这样说："世间有一种成就可以使人很快完成伟业，并获得世人的认识，那就是讲话令人喜悦的能力。"营销活动不仅是个买卖过程，而且是营销人员处理与消费者关系的公关过程。在这个过程中，营销人员的口才不一定要有足够的优秀，但在与消费者沟通互动的过程中，语言是最为直接的沟通手段，也是最能影响消费者心理变化的因素。因此，这就决定了营销人员必须掌握营销的攻关语言艺术。

营销的攻关语言艺术，是营销人员在对消费者进行攻关过程中，在遵循真诚信任、平等互利的攻关原则和语言理论的指导下，运用得体的语言而表现出来的给消费者以美好的感受，并取得良好的交流、沟通效果的各种方法和技巧。具体说来，主要应把握如下的几个语言技巧：

1. 开口的艺术

在营销活动的交际中，营销人员从与消费者打交道开始，第一印象很重要。在初次与消费者见面时，除了在着装外，要重视交际礼仪，主动热情并面带微笑与消费者打招呼、握手，既可以提升个人的魅力，又可以让对方感觉到真诚。打招呼不仅是一个简单的开场白，而且是营销人员修养、礼仪的体现，更重要的是，有了"一语成金"的打招呼，营销的交流之门才能开启。

营销活动中的打招呼，是一种善意的问候，表示礼貌、尊重、友好，面对不同的消费者人群，可以有多种表达形式。它就像每天报纸不同的头条新闻那样，如果使用得当，就会立刻使人产生好奇心并想一探到底。反之，则会使人觉得索然无味，不想继续听下去。从这个意义上说，打招呼是一种开口艺术，如何打开话闸，同样需要智慧。

2. 沟通的艺术

钢铁大王戴尔·卡耐基说过："一个人的成功，仅仅有15%取决于专业技术知识，其余85%则取决于沟通，口才艺术。"可见，沟通与说话艺术的重要性。

营销的核心在于沟通，没有沟通就没有营销。换言之，沟通的好坏直接决定了营销的成败。营销的最终目的不在于卖什么，而在于"怎么卖？"因此，"怎么卖"是营销策略的核心环节，想要提升这一环节沟通能力，就要潜心研究营销话术。这是因为话术是营销人员能否说服消费者的沟通技巧。这一点，是至关重要的。营销话术是平等、真诚、尊重、客观、巧妙、服务、认同、和气、谦虚等优秀品质以及人格修养的境界体现，而不是口是心非的卖弄嘴皮。

消费者**生活**在社会**各个角落**，人物各种各样，不同的消费情境，不同的心理需求，对营销的沟通话术也有许多不同之处。很多营销人员不懂营销的沟通话术要

"因时而异，因人而异"，很难与消费者产生心与心的交流与碰撞，搞不定客户，很烦恼。那些出色的营销人员，他们往往有一套属于自己的营销话术，面对不同的消费者，不但善于随机应变，而且能口吐莲花，他们的语言就像是一双柔软的手，抚摸着消费者的心。同样的一个消费者，让不同的销售人员用不同的话术去沟通，结果肯定是不一样的。

3. 倾听的艺术

作为一名营销员，有一张能说会道的嘴巴固然重要，但有两只善于倾听的耳朵比说更重要。为什么呢？理由很简单，只有倾听，才能准确地了解对方所要传递的信息，把握对方话语的核心所在，从而了解对方的真实意图；只有倾听，才能客观、公正地听取、接受对方的疑惑和诉求，化解对方的不满和抱怨；只有倾听，才能让对方感觉到你尊重他、很重视他的看法，从而放下包袱与顾虑；只有倾听，才能让自己有足够的时间调整沟通的策略，从而对消费者进行有针对性的说服工作。

一位西方哲人说过："上帝给我们两只耳朵，却给我们一张嘴巴，意思是要我们多用耳朵听，少用嘴巴说，不逾越此原则，才不致违背上帝的旨意。"这就是告诫我们，在与消费者沟通时，要注意少说多听，尤其是在刺激欲望阶段，消费者不断地说其实是在不断暴露问题点，如果不是认真地倾听，那么就容易漏掉可以被利用的细节。那么，营销人员如何倾听呢？一是要集中精力，以积极的心态倾听对方的陈述，这样才能真正做到交流"倾心""倾情"，并成功地在双方之间建立信任和默契；二是要有耐心，不管对方说什么，在"耳到"的同时做到"心到""脑到"，理出对方话语的关键点，听出对方所要表达的意思；三是要表现出你对对方的谈话有兴趣，以适宜体态语回应，或适当提问，或保持沉默，让对方的谈话能够不断持续下去；四是不要轻易插话打断对方的谈话，也不要自作聪明妄加评论；五是对对方的抱怨、诉求，要善于表示理解，然后再诚恳地解释，以求冰释前嫌；六是要重视交际礼仪，保持一定的视线接触，不要东张西望、左顾右盼，更不要轻易接手机而置对方于不顾，以免"听"之不恭。

4. 说服的艺术

营销说服艺术的理想状态是什么？圆满。我国传统儒家文化崇尚"和为贵"的思想，"和"即圆满。可要达到这样的理想状态，它需要营销者把握一些说服技巧。

阿基米德曾说过："假如给我一根杠杆，我就能撬动整个地球"。这句话所说的道理，意思是凡事只要找到一个合适的支撑点，再借助一些外力，就可以把事情做好。在营销说服他人的过程中，同样也是如此，只要找到问题的关键所在，就好比杠杆找到合适的支撑点那样，可以收到四两拨千斤的效果。

营销说服是一种艺术，之所以能够成功说服对方，关键在于找到说服对方的支撑点，即随机应变。掌握了随机应变的说服方法和技巧，就能在营销的职场上纵横捭阖，游刃有余。营销说服过程中，当对方的观点错误时，不要急于当面指出，不妨顺着对方的说法加以推衍，或由此及彼，或由小到大……最后对方会慢慢接受你的说法，不得不信服于你；当营销对象拒绝时，如果想要把拒绝留给对方，无论说服的对象是谁，首先用同情的语气防止对方产生逆反心理，而后从对方的言语中找出易于突破口，诱其深入，最后步步为营，请君入瓮，不攻自破。这样，对方既有一种被尊重、被理解的心理满足，又能达到说服他的目的；当说服的对象固执己见时，不妨施之以威，采用"恩威并施"的策略。唯有如此，营销的说服效率才会更高。因为人都是有情感的，在大多数情况下，只要我们换位思考，站在对方的角度思考问题，在说服过程中"将心比心"，因"情"制宜，只有敞开心扉，晓之以理，动之以情，才能打开对方的心灵之窗，这样也就很容易说服他们。

总之，说服的艺术表现在接待顾客、推销商品、洽谈业务等具体的销售活动中，如果说话缺乏艺术性，不但会得罪消费者，错失促成买卖的机会，还会对企业的形象造成不良的影响。

5. 提问的艺术

营销活动是买卖双方的买卖过程，也是买卖双方相互交流、沟通过程。在这个过程中，"问"与"答"是一种最直接的买卖双方的双边活动，"问"是一种交流、沟通的艺术，也是获取对方信息的手段，既有间接的也有直接的，并处于单向、双向甚至多向的动态之中。这样势必在营销活动的洽谈中给予双方较多的交流空间，双方在互相理解、互相尊重的气氛中充分交流看法并最终达成共识，从而实现了双方互利共赢。

作为一名营售人员，不论以怎样的方式约见客户，都离不开交流，而通过提问达到引导客户关注与参与的目的，是交流最有效的方法。营售从提问开始，提问不是一成不变，却有技巧可言，需要一定的讲究。具体说来，在一个"巧"字上做文章，可以"巧"在"诱"问，"你家有高档电器吗？"这种问法，能够及时把握客户的消费心理，了解对方的购买意向和购买能力，也可以"巧"在"试探"，"你想买质量好些，还是一般的？"这种问法，开门见山直接推销，容易了解客户的需求和购买动机，还可以"巧"在"投石问路"，"你用过商标的电器吗？质量不错吧！"这种问法，先虚设一问，如果客户有意购买，自然会有所评价，如果不满意，也不会断然拒绝，不至于双方尴尬难堪。总之，"问"的方式方法很多，所有的"问"都要学会巧问，只有巧妙的"问"，才有艺术的成分。

三、营销口才的原则

（一）重视时空关系

商务礼仪中有一条 T.P.O. 规则，T 代表时间；P 代表场合；O 代表对象。这样的规则同样适用于营销交往。营销交往要求营销员在一定的时间、一定的地点、一定的场合，话语表达既要符合语言规则，具有说出相应适当话语的能力，又要适合语言环境。营销交往语境包括语言因素，也包括非语言因素，如营销交往的时间、地点、场合、对象等客观因素，以及言语行为者的身份、性格、思想、修养等主观因素所构成的话语环境。它包括社会文化背景、自然环境、语体环境等。

（二）讲究说话语气

营销员在与客户交谈时，除了微笑、亲切，语气柔和、轻缓外，还要留心说话的语气，要采取征询、协商或者请教的口气与客户交谈，不能用命令式或下指示的口吻与客户交谈。因为说话的语气对交流的双方都有着很大的影响，是一场成功营销谈话的关键所在。人贵有自知之明，营销员要清楚地明白自己在客户心里的地位，无权对客户指手画脚，交谈时如果在语气上不会规避禁忌，就会不欢而散，这样是很难挽留住顾客的。

（三）妙用肯定话术

在营销过程中，面对不同层次、不同素质的客户，有时推销会遇到一些问题，如客户对产品质量持怀疑态度。面对这种情况，营销员要充分尊重客户的看法，不要用诸如"没有眼光"之类的否定话语，这种让客户损自尊、丢面子的话，是营销语言的禁忌，应绝对避免。应对客户的怀疑，具体的方法很多，妙用肯定话术就是其中之一。在营销的实践中，如果凭三寸不烂之舌，有时很难让客户认同，以推销电器为例，这时可以针对客户的怀疑，先来个肯定："您的说法还真有道理"，这一肯定客户的话术，先把客户的心吸引过来，等待下回分解，接着就可以通过同类产品的实物、说明书的展示，围绕这是新开发的产品，明确其优点是以前同类产品无法比拟的，并直接推销给客户。这样的话语磨掉了客户心中的"棱角"，客户就能既从理智上，又从情感上消除怀疑并接受推销。

（四）顾及客户的反应

与客户交谈，这种沟通是双向的。营销员在自己说的同时，要边边看顾客的反应，必要时提一些问题，询问了解顾客需求以确定自己的说话方式，切忌营销员一个人唱独角戏，即演说式的个人独白。英国心理学家奥格登说："说话的意义并不像字典上所查的那么固定，因为现实情况的差别，话语便会呈现不同含义。"这就是说，营销员如果只顾自己口若悬河地说，而不顾客户的反应置若罔闻，结果只能是让对方反感，甚至产生厌恶、对抗的消极情绪。

（五）巧用关联语序

从写作的角度而言，议论文语言的深刻除了体现在各种推理形式外，还体现在关联词语的运用上。议论文写作的推理，如果只停留在对材料表面的叙述，不用关联词分析事例，这样很难让议论文深刻起来。由此可见，关联词在各种写作或语言交际中很重要，营销语言也是如此。例如：（1）"价钱虽然高一点，但东西很牢固。"（2）"东西虽然很牢固，但是价钱稍微高了一点。"这两句话都提及两个关键词："价钱高一点""牢固"，但语序不同，表达效果也截然不同，（1）用了转折关联词"虽然……但……"，强调的是"但……"后面的内容"牢固"，而（2）同样强调"但……"后面的内容，却是"价钱高一点"。（1）强调的是"牢固"，突出的是产品的质量，"价钱高一点"是客户可以理解和接受的，因而很容易让客户产生购买欲，从而心甘情愿地"买单"。

（六）避免无益争辩

在销售的过程中，有时会遇到不讲理的客户，或遭没理由的非议等情况，即便客户所提的话题毫无意义。这时，作为营销员，要明白自己来销售产品的，不是来参加辩论的，不管客户有没有理由，符不符合事实，都要容许人家发表不同的意见，毕竟客户就是客户，销售员不要一味与他们争论，比谁高谁低。事实上，面对客户的责难或不信任，最好的方法是顺从他们的意思，引导客户去说，在争辩过程中尽可能满足他们作为胜利者的虚荣心，然后用真情、善意、文明去晓之以理，这才是不伤和气的争辩妙招。反之，如果为了一件无关宏旨的琐事，或为了一句无关紧要的话，与客户"唇枪舌剑"，即使在争辩中占了上风，失去的就是一个客户，一笔生意，一份业绩。

（七）把握表达技巧

1. 语言要与时俱进，但不能失真。语言是人与人沟通的直接桥梁，与时俱进不是改变它规范、庄重的特点，而是融入不断进步的时代元素，即伴随时代发展出现的新词汇。营销员必须学会用现代流行的言语，即时代型语言与客户沟通、交流，让客户了解你的识多见广，从心底里认可你，从而拉近与客户言语表达的距离。如电商、期资、三包、"网上购物"等新名词，"老板""师傅""先生""女士"等人际称谓，都较早出现在营销的语言中，并进而传播开来。

2. 销售语言要富有情感性。从口头表达的角度看，营销语言的表达技巧，强调的除了针对性、恰当性、多样性、丰富性之外，情感性的语言表达尤其重要。因为情感是有声销售语言表达的核心之所在，有声的销售语言始终伴随着情感，没有情感的销售语言，就没有感染力和吸引力，也就不能打动客户，更谈不上"以情动人"。情感性的营销语言，必须是真诚、质朴的，切忌渲染与夸张。

3．避免客户产生逆反心理。在营销过程中，营销员不要长篇大论，要多听听客户的说法，以免客户产生逆反心理，这样才能把慧心妙舌展现给客户，让对方愿意和你洽谈业务。好奇心可以吸引客户的注意力，能够克服客户的逆反心理，营销员不要向客户提供所有的信息，以激发客户的好奇心，因为人们总是对未知的"先睹为快"更感兴趣。学会角色转换，这也是克服客户逆反心理，与客户达成共识，建立良好的和谐合作氛围的关键。这就要求营销员要学会站在客户的角度，设定语言表达的内容和方式，迎合客户的心理思维，点燃客户的思维"火花"，促进共鸣效应的产生。

4．用词规范，字音准确。作为一种与大众密切相关的职业，营销员和主持人一样，要自觉树立语言规范意识，不断苦练基本功，在表达上做到吐字清晰，字音准确，而且声音圆润，抑扬顿挫，起伏有致，优美动听，这样的声音富有美感，能给受众的情绪受到感染，从而在心理上产生愉悦感。

第二节　如何了解顾客的需求

"无需求的地方，就无购买行为。"很多营销员在销售产品时，最容易陷入的一个误区，就是一见到客户，就开始拼命地介绍产品，这样很难准确地判断客户对产品、服务、价格等方面的需求。有个成语"冰山一角"，指的是非常大的事物只显露出很小的一部分。在销售过程中，客户就像是一座冰山，露出水面的只是语言、表情，以及行为、情绪等，而水下的才是客户真实的需求，客户的需求是千差万别的，往往是多方面的、不确定的，需要营销员在沟通中对客户购买产品的欲望、用途、功能、款式进行发掘。如果陷入误区，不管你对产品推销的技巧多高明，销售依旧会失去针对性，满足顾客需求的可能性就比较小，销售成功的概率也就小。

在销售的实践中，发掘客户的现实需求，甚至引导出客户潜在的需求，这是有效销售的前提条件。对此，可通过望、闻、问、切等方法来了解客户的需求。

望、闻、问、切是中医用语，其中包含的道理同样适用于营销中的了解客户需求。

一、望

中医中的"望"，是观其色，即对病人的神、色、态、舌象等进行有目的的观察，销售中的"望"，是观其行，即观察客户言行和购物等情况。

（一）观察客户的行为。

观察客户购物的过程、观察客户购物的偏好、观察客户对产品质量的要求、观察客户对产品价格的反应等。

（二）观察客户的眼神或视线。

客户消费的深层心理中，其欲望首先反映在眼神和视线上，从客户的眼神里，可以发现他（她）对产品的吸引力或兴趣点，同时视线的移动、方向、集中程度等，也能看出客户不同的消费心理。由此可见，营销人员要尽最大的可能去了解客户的消费心理，只有这样才能把握住销售成功的关键。

（三）观察客户的购买能力

客户对产品的需求，与其购买能力有很大关系。对于分期付款的客户，在推销前要谨慎行事，以免造成销售后的呆账或死账。

二、闻

中医中的"闻"，是指听声息，销售中的"闻"，是指聆听客户的心声。

在与客户沟通时，要耐心聆听客户的心声，不要随意打断顾客的话，并专心致志地注视客户，不仅要聆听客户说什么，还要聆听客户怎样说；不仅要听出客户重点要表达的意思，更重要的是要听出客户的情感和内心的需求，并给予适当地褒奖和鼓励，同时一定要适时地给予最好的响应。

营销是与人打交道的职业，每日面对的不同面孔的客户，每个客户的个性、生活方式都不一样，在聆听客户谈话时，有些细节必须讲究，具体说来有下面几点：

（一）切忌心不在焉的"听"

听客户说话时，营销员要集中精神，不要"人在曹营心在汉"，要注意客户的措辞、表达方式，以及语气、语调和面部表情、眼神、动作等，所有这些都能发现客户话语背后所蕴含的动机，如果对客户的谈话心不在焉，心理想着毫无关联的事，这样也就很难找到客户的关心点和兴趣点，这是一种及其危险的聆听方式。

（二）切忌被动消极的"听"

如果营销员的"听"，是一种处于被动消极的状态，往往错过客户通过措辞、表达方式，以及有关体态语等所表达的意思。这个层面的聆听，很容易产生客户的误解或出现错误的判断，从根本上失去交流的意义。被动消极的"听"，在另一个层面，如果仅仅是一个简单的点头或敷衍应对，会让客户误解为你理解他所说的话。因为这样，同样无法达到聆听的目的。

（三）听懂客户的想法和期望

这个层面的"听"，要求营销员务必以主动积极的态度去"听"，专注客户的一言一行，从其"言为心声"的话语中"听"懂对方的想法，"听"出对方所要表达的情感和期望。这样才能引起对方的注意，并适时作出反馈，尽量争取自己的"听"和对方的"说"产生共鸣。

（四）善于表示对客户的理解。

这不是一般的"听"，而是一种用心的"听"，它要求营销员在听的时候，要有一种同理心，即听者不要急于作出判断，而是站在客户的角度，设身处地、感同身受为客户考虑一下，注意以"是"或"对"或"微笑点头"来表示对客户的理解或肯定，也可以肯定客户的说法与自己的观点一致，或运用自己的经历、经验来说明对客户看法的理解。总之，带着理解与尊重而又积极主动的"听"，有了这种同理心的情感注入，无疑在营销中形成良好交流氛围起到极其重要的作用。

三、问

中医中的"问"，是指询问病人的症状，既往病史等情况，销售中的"问"，是指询问客户的需求。

要了解客户的需求，营销人员应主动地询问，才能知道客户的需要、欲望、观点和想法，但"问"的问题不宜过多也不要过细，否则会让客户有一种被审问的感觉。

（一）询问的目的

作为营销人员，要了解客户的需求，除了通过一些相关资料和观察、聆听外，还可以直接询问。直接询问，即营销员把某一问题（意思）以"问"的形式直接传递给客户，以其取得对方作出相应反应的过程。"问"的目的在于了解彼此的想法与需要，预估营销中"可能"和"不可能"的原因，找寻营销中"不可能"的解决方法，建立达成营销目标的信心。总之，询问的目的只有一个，就是买卖双方达成共识。

（二）询问的技巧

在营销过程中，"询问"是获取客户的需求信息的重要途径之一，也是营销活动中必须引起重视的问题。因此，在与客户接触时要提倡多提问题，让客户尽量参与到沟通、交流的谈话中来，以便了解客户更多的即时需求和潜在需求的信息。

1. 巧妙之问

（1）挖掘需求。挖掘需求、创造需求、刺激需求、扩大需求是营销的四重境界。"挖掘需求"是攻心营销，只有掌握一定的巧妙之"问"的心理战术，攻破客户的心理防线，才能挖掘并掌控客户的消费心理，搞定客户即时需求和潜在需求，而一味靠磨破嘴、跑断腿的精神，不可能创造需求、刺激需求和扩大需求。

（2）以"问"引"求"。成功学大师戴尔·卡耐基说过："人是不可能被说服的，天下只有一种办法可以让任何人去做任何事，那就是让他自己想去做这件事。"营销也是如此。围绕销售某一话题，针对客户的消费心理，可在巧妙之"问"上暗示或引导其在不知不觉刺激其虚荣心、攀比心、好胜心，使之产生需求心理，促成消费欲望。

2．提问的方式

了解客户需求必须提问，其提问方式一般有两种，即封闭式提问和开放式提问。

（1）封闭式提问，即引导式提问。这种提问是一种可预估的、可控制的提问，即让对方在给定的几个答案中进行选择。一般说来，只需用肯定或者否定两个角度来作答。这种询问方式常用来获取重要信息，缩小讨论范围，但不宜使用过多，以免客户陷入被动回答之中。下列三种情况，比较适宜这种提问方式：

①手中资源不足。如手机库存里只有红、黑两种颜色，不能问："你想选什么颜色的手机？"如果问："您是选红色的还是黑色的？"客户只能在两种颜色中选择。

②犹豫不决的客户。这类客户可以以试探性的询问提问，如："您喜欢的是什么品牌的手机？""您平时看好的是什么颜色的衣服？"

③性格内向的客户。这类客户要么是腼腆型，要么是害羞型，一般言语不多，但一旦说话，大多是心里话，不善于伪装自己。询问时可以直接提问，如："您看中什么款式的手机？""您喜欢什么颜色的裙子？"

（2）开放式提问。这种提问的问题比较宽泛，没有固定的答案，给对方以充分自由发挥的余地。开放式提问应注意：

①对客户了解比较少时，从客户熟悉的事物入手，让交流气氛变得轻松，使之在交流过程中自主产生问题，从中了解他们的想法和感受。

②客户对产品了解较少时，多准备一些话题，但这些话题既要符合客户的认知，又要有趣味性和挑战性，以便更全面地了解客户的看法，预测客户的潜在需求。

③开放式的询问，因为问题都比较发散，交流时容易偏离核心内容，这时可以转换交流方式，以封闭式的询问沟通，因为交谈的方法不是唯一的，这样才能把话题再次拉回到核心问题上。

④开放式的询问，问题的涉及面要尽量从不同的角度提出，做到既完整又全面，这样才能获取较多的信息，以供分析和判断。因此，它不但要求营销者要善于

言辞，而且要善于倾听，更要善于提问。那种只有片面的信息沟通，无论是营销者对客户，还是客户对营销者都很容易做出错误的判断。

四、切

中医中的"切"，指的是摸脉象，即通过对脉象的分析来判断病人的病情，销售中的"切"，是给与客户交流的话语把脉，分析客户话语中隐含的信息，并通过思考、判断，从而了解客户的实际需求和期望。只有这样，才能有针对性地为客户提供服务，才能令客户满意。因此，营销员在与客户交流时，要注意一些问题：

（一）回避问及客户的家庭问题

营销员与客户的沟通、交流，目的是要通过对方的话语分析其消费的心理，了解客户的需求，从而引导客户接受或者购买产品。在这个过程中，营销员不要过于直接问及对方的家庭情况，这样很容易使对方反感，所以销售人员要注意避免提及客户的家庭问题。当然，如果客户愿意和你交谈，和你谈自己的爱好、兴趣和家庭的情况，这种有趣的现象也可能存在，不论客户谈的是哪方面的问题，而你不要太过于直白地"问"，客户自然会把最感兴趣的、最关心的事告诉你，不要急于求成，这是了解客户需求时必须遵循的。

（二）要学会让客户打开话匣子

俗话说"一种米养千样人。"营销员面对的是不同职业、不同文化层次、不同消费水平的人，引导客户说出他们的需求，这是至关重要的，其中也有很多技巧。因此，要想在营销的说话中成为高手，就要学会"到什么山上唱什么歌"，以良好的谈吐，有针对性地引导客户打开话匣子。古人云："言为心声。"营销语言能否让客户形成独特的认识，取决于营销员是否根据客户的价值观、生活习惯等进行沟通，让客户感觉到你是站在他的角度说话。如果是这样，客户很容易打开话匣子和你交谈，并接受你的推荐。

（三）要有一种宏观意识

产品的营销，面对的是整个社会市场，而非单兵作战。因此，营销员对客户的"把脉"，具有广泛性的特点，即不是针对某一个特定的个体客户而言，而是针对不同群体客户的需求。这也就是说，营销员要有一个关乎全局的宏观意识，确立消费群体中的不同消费类型的目标客户，根据客户需求动机、购买意向、购买行为特征，以及他们需要怎样的服务，满足他们的消费需求，有针对性地展开有效的营销攻关。

（四）不要消耗客户的时间

我们每个人都要生活，生活需要时间。和客户面谈时，特别要注意时间不要太长，即不要消耗客户的时间，这是营销时捕获客户需求的最大忌讳。道理很简单，我要赶上下午4点开往某地的动车，你却絮絮叨叨说个不停，一旦犯了这样的错误，不但交流无法再进行下去，下次想再约见恐怕也就难了，根本不可能再和你见面了。营销面谈时，尤其是有职业的客户，他们通常是忙里偷闲，能抽出时间和你会面，本来就是不容易，因此对营销员来时，这一点要格外注意。

第三节　营销口才的表达技巧

营销口才是现代营销活动中，营销员与客户进行情感交流最基本的的一种技能，也是营销员赢得客户的信任、扩大营销市场范围的制胜法宝。市场营销员无人不知"一言兴商""一语千金"的道理，缺乏营销口才这一技能的营销者，将很难在市场立足，更谈不上打开市场营销局面。从这个意义上说，口才对于营销员来说是至关重要的，营销员口才的好坏，无疑直接影响着营销活动能否达到吸引客户的目的。如果目的无法达到，必然影响产品的销量和服务质量，这无疑会成为推动企业进一步发展，创造经济效益增长点的瓶颈。营销口才的表达技巧，主要体现在下面两个方面：

一、重视因人而异的说服技巧

营销活动面对的是不同层次的人。这就是说，营销对象有不同的性格特点，不同的地域习俗，不同的经济收入，不同的消费习惯，凡此种种，要求营销口才必须因时、因地、因人而异设"问"，并在"问""答"的交流中"说服"。总之，必须针对不同的客户，采用不同的话术。

营销活动中的说服技巧，即营销员的"说"要**打开客户的心扉**。"打开"意味着需要技巧，而营销活动中所谓打开客户心扉的"技巧"，指的是营销员要针对不同性格的人，采取不同的话术。

（一）内向寡言的客户

这类客户不轻易说话，一般不会主动与人交谈，但不善于与人交谈，不等于绝对不会与人交谈，营销员要站在对方的立场，顺着对方的性格，只要谈及对方感兴趣的话题，也会很开心与你交流。面对这类客户，不要急于介绍产品，也不要急于说服对方，可以退为进，先向对方了解一些左邻右舍与消费有关的问题，然后慢慢把话题引到对方，并适当肯定对方的看法，适时给予鼓励，给对方心理上的满足。这样一来，不但对方乐于与你交流，而且不会表示拒绝，营销的目的也就容易达到。

（二）憨厚老实的客户

这类客户讲究的是不吃亏，往往因怕吃亏都有一种防御心理，因多疑的心理一般不会轻易决定，也不会直接拒绝。因此，对于这类客户，最好的方法是用事实说话，以他们的身边人身边事说话，你的说服就会得到他们的信任，营销效果甚至会超过预期。

（三）犹豫不决的客户

这类客户往往表现为没有主见，凡事消极被动，不但无法从主观上自我加以判断，而且从根本上难以做出自我决定。对于这类客户，营销时可以采用应对憨厚老实的客户的方法，同样用事实说话。这样很容易让他们觉得你的说法值得信任，并且往往会一直和你打交道。因为他们这次信任你，下次也同样如此。

（四）夸夸其谈的客户

这类客户大多数比较自傲，一旦打开话匣子，往往毫不遮掩，心里有什么就说什么，滔滔不绝地说个不停。在营销中，喋喋不休的客户大部分说话时往往会偏离主题，谈论一些与销售无关的事情。这个时候，营销员首先要认同客户所谈的话题，赢得客户的好感，不要被客户思维所牵制，然后应及时择机转移话题，巧妙地结束话题，力争掌握谈话的主动权，这样才能说服客户。同时，这类客户也比较善于表现自己，因而在与他们交谈时，要尽量显示出专业领域的知识，使他们产生敬佩心理。

（五）开朗健谈的客户

这类客户一般阅历较多，性格开朗，而且办事干练，说话干脆利落，很容易让人对他们产生一种信任的感觉。因此，在说服这类客户时，只要以热心好客、诚恳的态度与他们沟通交流，往往比较容易让他们对营销商品产生更大的兴趣，也就是说，开朗健谈的客户容易被说服，交易也容易成功。

（六）态度冷淡的客户

这类客户表面上话语不多，态度冷淡，其实凡事非常细心，心计颇深，有一定的主见，内心也是火热的，面对营销员的推销看似无所谓，表现出一种不重视的态度，其实用心在倾听，内心在仔细考量得失，只是不轻易也不可能为别人的说法所左右罢了，尤其是涉及自己的利益时更是如此。因此，对于这类客户，只要营销员耐心地解释他们提出的问题，在看似冷淡的背后，其实也很容易打开他们的"心门"，从而达到交易的目的。

职场口才技巧要论

（七）尴尬难为的客户

这类客户在与陌生人接触时，大多数会表现出一种害羞的心理，觉得自己说不好会给人一种不好意思的害羞感，会让自己陷入一种尴尬的境地，往往会以这样那样的理由回避营销员的问题，掩饰自己的不安或躲避销售人员的目光。因此，要说服这类客户，最好的方法是与他们聊天，先谈些与营销无关的家常话，寻找双方的共同语言，尽量做到应验"一回生、两回熟"的说法，然后再言归正传，让他们不再难为，不再尴尬，实话实说，现场直播，说出自己的看法。这样，客户愿意主动交流，说服工作自然不在话下。

（八）精明能干的客户

这类客户分为两大类："尽责型"和"执着型"。无论是前者还是后者，他们都讨厌虚伪和做作，在营销的本质上也有些相似之处，但针对这类客户的销售方法却需要有所不同，"尽责"和"执着"毕竟是两个不同的概念。

1. 尽责，即尽力负起责任。显然，这种客户凡事往往比较谨慎、冷静，能够比较理智地去思考问题，但因责任在身，同时往往对营销员持有一种怀疑的态度，因而十分挑剔，这也就意味着这种客户属于比较"难缠"的那种，很难说服他们，因为他们的共同特征就是具有很强的分析能力，做事很严谨，就像一个有鉴别力的观众在看戏一样，能从台上营销员的言行举止中，发现并准确地获取一些有价值的信息，营销员稍有一丝的错误都逃不过他们的眼睛。

一般说来，"尽责型"客户讲究事情的准确性，因此任何细节对他们来说很重要，即他们喜欢营销员所推销的产品作详细说明、讲清楚有关产品的信息。在他们的面前，他们要的是产品的真实度，对你的详细说明，他们想听、想知道，越细越好，如果没有说清楚，他们就会觉得没有信任感、安全感，结果只有两个字：免谈。

2. 执着，泛指固执或拘泥，也指对某种事物追求不舍。显然，这种客户比"尽责型"客户更难对付。这种客户虽然和"尽责型"客户一样，做事趋向于稳重、仔细，工作态度严谨。不过，也有与"尽责型"客户不同之处，即他们更注重客户的道德水准，不能容忍客户的不道德行为。营销是一种双方的合作，利益不能自动实现，它的实现需要道德的约束。因此，当"合作"这个词带着金灿灿的光芒诞生时，就必须要做到忠诚，不能碰触道德底线。

营销员与"执着型"客户合作时，要有"明知山有虎，偏向虎山行"的胆略，步步为营，不要急于达成交易，这样才能达到步步为"赢"的目的。总的说来，与"执着型"客户的合作，在真诚守德的基础上，不要为急于求成而进行产品质量的攀比，否定其它同类产品，这样会让对方产生反感，甚至拒绝合作。同时，也要面对事实，实话实说，少说空话或夸大其词，给客户留下一个可信任、有安全感的印象，即使产品有瑕疵，万事以信任为主，那就意味着取长补短，在改进中互补互利。

二、讲究营销语言的说服技巧

营销是一种人与人之间的消费行为，而营销语言是是营销这个行业的专用语，它融多种语言为一体，比其它语言具有更多的层次性和艺术性。在市场竞争日益激烈的今天，要在瞬息万变的市场中持续生存并不断发展，只有不断地扩大营销市场，才能形成自己的竞争力。由此可见，作为一名营销人员，能否说服客户达成交易，关键在于面谈的语言技巧，而营销语言没有固定的模式，随着对象、环境的变化而变化，因而要求营销员必须掌握一定的销售语言技巧。

（一）话题要丰富

与客户交谈时，为了什么而谈？就营销员来说，无非是为了交换双方的信息，增进彼此的了解，从而让客户产生好感，接受自己并达成交易。俗话说："三分在介绍，七分在闲聊。"因此，营销员初次接触客户时，不要急于介绍商品或说明来意，首先从聊天入手，然后慢慢地进入正题。话题来源于生活，话题的内容需要我们细心观察品味生活，平日要养成搜集各方面信息的习惯，多多积累所见所闻，在无形中积累话题内容，在与客户闲聊时，就会变得有话可说，给客户一种知识面广的感觉，这样往往能创造出意想不到的营销气氛。

反之，如果营销员急于促成交易，初次接触时就直接表明来意，营销员的销售能力实际上是诸多要素综合的结果，它不是天生就有的，也不可能一朝一夕就能形成。因此，这就要求营销员平时要广泛参与各种社会实践，尽量去接触不同层次、不同职业的人群，不断自我学习、自我积累，有意识地构造话题的知识结构，以适应各种不同爱好及不同兴趣的客户的需求。只有这样，客户才能感觉你反应灵敏，知识面广，特别是新客户，在这方面应该是他们头脑中最大的兴奋点。诚能如此，交易便不在话下了。

（二）话语要真诚

在面对客户时，真诚是一般营销人员和优秀营销截然不同的重要因素，"精诚所至，金石为开"这个成语，说的就是人与人之间要坦荡真诚这个道理。营销员与客户之间的关系也同样如此。作为一名营销人员，营销语言的真诚，就是要有真实的情感、诚恳的态度。具体说来，即要善于调动自己的情商，不说则已，一旦开口就要让话语充满温馨的情感，听起来神清气爽。总之，要与客户同喜同悲，真诚交谈。在营销活动中，如果无法达成交易，最忌讳的是销售员无法控制自己的情绪，给客户带来心理隔阂，这是永远无法医治的"创伤"，也是一道永远无法逾越的营销"鸿沟"。反之，如果你平心静气地面对现实，和客户交流时委婉表达理解，艺术性地多用敬辞、谦语，以示对客户看法的尊重，既能表现出自己的文化修养水平，又往往能收获意想不到的效果。因为讲究委婉、艺术不等于故弄玄虚，也不等于话中带刺、含沙影射，更容易让客户觉得如春风拂面，拉近人与人之间的距离，这样才能体现出营销人员对客户的谦虚真诚。

（三）语言要通俗

每个行业都有自己的专业语言，营销也不例外，通俗易懂的语言最容易让客户所接受。营销人员接触的人非常多，面对不同行业、不同层次的客户，因其文化水平与理解能力参差不齐，营销人员语言要让自己的客户听得懂，无论是对产品的介绍，还是对交易条件的说明，都要简洁明了，尤其是表达方式要直截了当，如果满嘴都是晦涩难懂的专业术语，这样只会让人觉得厌烦，甚至会让客户有种云里雾里的感觉，因为专业术语有时是令人费解的。现实中还有一种现象，有的推销员面对客户的谈话内容，却一脸茫然，或毫无了解，或知之不多，这样的交谈要么相对默然，要么程式化微笑了之，根本谈不上达成交易的目的。

（四）语言要简洁

莎士比亚说过："简洁是智慧的灵魂，冗长是肤浅的藻饰。"营销语言的简洁，指的是营销人员在与客户沟通时，表达要简练干净，即要言不烦，一语中的，把尽可能多的信息表达出最丰富的的内容，概括地呈现思维清晰之感，让客户一听就明白。无论谈生意还是推销产品，都要紧紧围绕话题的中心，把该说的说清楚，不要偏离主题，说一些与营销无关的话。营销语言表达出准确的、明晰的、优美的、耐人寻味的信息，这是营销中对语言简洁的不同层次的追求。

营销语言提倡简洁，就是说话不要反复啰嗦、拖泥带水、言之无物，注意详略得当，用语简要精炼、高度概括，力争在最短时间内客户听懂并乐于接受。反之，就会让客户抓不住重点，还会占用很多时间，引起对方反感，但简洁也有一定的限度，不要过了头，否则就会变成苟简。繁冗与苟简是两种极端，都是简洁的对立物。要使营销语言简洁，必须做到以下几点：

1. 准确。即把握营销的关键信息、内容要点，在表达上删繁就简，言简意赅，杜绝废话，所用语言符合特定的情境，符合事理和客户特定的身份地位，准确地使用口语，把握好表达范围大小、程度深浅、心理状态等。

2. 明晰。即围绕营销主旨讲，不节外生枝，营销时要让客户知道是什么产品，描述一种产品时要让客户了解产品的用途、性能及其优越性，对产品各种指标越了如指掌，面对客户的咨询才能详细地说明各种产品性能之间的差别，让客户产生信任感。因为客户对新产品都有一种陌生感，解释越详细，表达越清晰，客户的信任感就越强。

3. 简约。即优美而简洁的营销语言。说到"简约"，有三个问题必须重视：一是简约不等于话语越短就越简约。刘勰的《文心雕龙》："句有可削，足见其疏，字不得减，乃知其密"，这个阐述用"无可削"、"不得减"作为写文章的标准，同样适用于营销语言。因此，营销中的话语也不要太短，太短了就说不清、道不明。从这个意义上讲，简约就是在不害意的前提下，将话语减至不能再减。语言清晰而动听，优美而自然，这样才能把客户带入独特的情景和氛围，让他们听了之后留下深刻的印象；二是简约并非意味着表达简单，话语单调，枯燥又乏味。从表达的角度看，营销语言是一种特殊的语言，简约而朴素既能避免繁冗拖沓，凝练地表达出丰富的内容，又能通过朴素自然的话语所传达的信息，引起客户的注意，从而产生共鸣。反之，语言如果一改简洁凝练而入繁琐拖沓，那将会是一件非常糟糕的事；三是既然营销语言要求简约，就不能话无巨细，表达上的详与略、繁与简，必须根据对产品进行简练概述需要来考虑，做到既表辞达意的晓畅，又让客户心里有数，从而在内心产生"共鸣"的认同感。

4. 耐人寻味。即言简而义丰，话少而意深。诗歌是用语最精炼、最简约的文学样式，其惜墨如金的创作手法，虽然字少而表达的意思却很深邃广博，这并非诗人的词穷意尽，对此可借用成语来说明，如言简意赅、言约旨远、言简意深、言简义丰、意味深长。同样道理，营销语言耐人寻味的表达效果，要让客户品味无穷的隽永，也需要以短小精悍的话语呈现出来。但是，语言的俭省并非意味着表意的简单，情感的单一。恰恰相反，任何一种简约的交谈，所带来的美不仅仅是语言技巧的小美，而是给整体营销过程带来一种意蕴丰瞻、情感充沛的耐人寻味的大美。

（五）语言要生动

营销语言的生动，指的是营销人员的话语要新鲜活泼，在绘声绘色中惟妙惟肖、生动有趣地表达出自己的所思所想。从营销目的这个角度说，营销活动其实是一种让客户接受"买卖"的销售"劝说"行为，但这种行为，如果语言死板呆滞、枯燥无味，就会令人感到味同嚼蜡，使人感到兴趣索然，即使产品的质量再好，也无法吸引客户的兴趣。因此，在营销活动中，把话说得风趣、生动，要善于借用修辞、幽默、诗词等，以突出营销语言的"美""趣""雅"，这样才能营造轻松活泼的气氛，为营销工作创造一个良好的环境，用得巧妙还会给人们留下深刻印象。

（六）语言要灵活

营销语言和我们平时的交流一样，既是连接人们之间沟通想法的心理桥梁，又是可能因说者无心、听者有意，成为伤害对方自尊心的凶器。因此，灵活的营销语言占有十分重要的意义。

营销中面对的是"一样米养百样人"的客户，有的固执，有的性急，有的刁难成性，有的傲慢无礼，有的脾气无常……凡此等等，作为一名营销人员，如果总是用固定的方式与对方沟通交流，不懂得灵活变通，针对不同客户运用个性化的销售语言，就很难让不同的客户感觉到沟通的满足与乐趣，更让客户把你的智商拉低到和他一样的水平，甚至还没有进入沟通阶段就已被对方"封杀"了。优秀的销售人员在和客户商谈时，一定要避免线性思维现象，不要让人觉得你的话语一根筋，这就决定营销语言一定的灵活性，你要把自己的身份看做是"翻译"，你的营销语言就是翻译你销售产品的"自我介绍"；你要把自己的身份看做是"知心姐姐"，你的营销语言就是猜测、了解客户的心理，更好地顺应客户的心理需求；你要把自己的身份看做是"导游"，向客户介绍你所推销的产品，让他们走进"别有一番天地"的境界。总之，面对形形色色的客户，似乎很难一一应对，其实只要了解客户对产品的要求和顾虑，灵活地发挥营销语言的导购能力，再难攻克的客户"城堡"也可以拿下。

（七）语言要慎重

商场如战场，语言犹如一台挖掘机，可以疏通营销员与客户之间的感情河道，但稍有不慎，也会像泥石流那样堵住人与人之间的感情河道，即伤害客户的心。因此，对营销员来说，慎重选择销售语言尤为重要，否则就有可能导致利益的损失。具体说来，在与客户交流时，掌握营销语言的技巧首先要了解营销语言的禁忌。

1. 忌"夸大其词"。营销需要"真诚"，而不是花言巧语或者夸大其词。有些营销员往往为了眼前利益最大化，为了让客户相信自己，不是"花言巧语"的糊弄客户，就是以夸大产品的的功效与价值来诱导客户，其实"花言巧语"也好，"夸大其词"也罢，任何糊弄和诱导，迟早会在客户面前暴露无遗，甚至让人讨厌。这样，都会因营销人员的"失信"有了这次没了下次，也就不足为怪了。

2. 忌轻易许诺。《道德经·第六十三章》："夫轻诺必寡信，多易必多难。"许诺事关人品和别人的信赖，营销过程中，一定要深思熟虑，千万不能随便应承，即在作出许诺前，无论是的大的、小的，还是眼前的、未来的，首先要掂量它对营销有没意义，价值几何；其次要掂量能否实现你的许诺。否则，就会因轻率的许诺，让自己陷入"失信"的泥潭。有些人几杯酒下肚就会忘乎所以，在关键问题上轻易承诺了对方，事后悔之晚矣。

3. 忌轻易退缩

销售，从被拒绝开始。作为营销员，无论何时何地都有可能遇到被客户拒绝的情况，而且客户的理由往往五花八门。面对这种情况，营销员如果想成为真正的赢家，就必须学会接受拒绝，正确理解、对待和恰当处理客户的异议，不要轻易退缩。因为客户的拒绝具有两面性，一是交易的障碍，二是成交的信号。"褒贬是买主，喝彩是闲人"，这句话出自黄新原的《古董的砍价》，说的就是这个道理。日本一位推销专家说得好："从事推销活动的人可以说是与拒绝打交道的人，战胜拒绝的人，才是推销成功的人。"

4．忌把话说绝

弯弓射箭，弯过了头，强弓必断。营销同样如此，在没有弄清楚客户意图前，匆忙表态"这个绝对不行""那个绝对不可""这个那个都面谈"，如此把话说"绝"，那无异于自绝后路，想要回旋就没有余地了。因此，营销过程中不要急于表态，要学会观言察色，迎合顾客的爱好或兴趣，只有明白"物以类聚"的内涵，才能找到"同道"中人。这就是说，营销语言要进可攻、退可守，这样才不会陷自己于尴尬或被动的境地。

三、营销语言的运用策略

无论是营销模式的千变万化，还是营销手段的层出不穷，都离不开营销语言的运用策略。作为一种专门性的语言，营销语言兼具演讲、社交、谈判等语言的特点，要求营销人员在与客户交流时必须具备各种语言的表达技巧，讲究方法和策略，才能取得理想的销售业绩。

（一）把握客户心理，攻其心以导其行

从某种意义上来讲，客户的满意是营销最好的广告，而营销活动如何让客户满意呢？这就需要接近客户，有目的地选择恰当的对话方式，引导客户说出对售前、售中、售后的服务需求。在这个过程中，引导最重要，其实也是一种心理战，营销者切忌沟通毫无目的，信口开河，而应把握客户个性，采用攻心为上策略，因人施言。因为客户的性格、兴趣、经历、家庭背景、消费习惯各不相同，其个性特征、思想也不尽相同。如果没有考虑这种差异性，沟通就很难"攻其心"，更谈不上"导其行"。在"攻其心"的基础上，引导具有多种开端，可根据客户应对营销员"发问"的具体情况，或从导之以行开始，或从动之以情开始，或从晓之以理开始……总之，引导要做到把握客户的思想脉搏，只有入脑入心，才能开发不同性格客户的心田。作为一个优秀的营销员，入脑必先入心，入心就是要深入研究不同的消费群体的心理困惑和需求。实践证明，通过对随和型客户、慎重型客户、多疑型客户、严肃型客户、健谈型客户等不同性格客户的定期或不定期的分析研究，不难发现其中存在的差异，如健谈型客户，营销员除了不要粗鲁打断对方之外，还要学会倾听并恭维，这样不但容易拉近距离，而且还掌握话语权。因为对方的健谈，营销员完

全可以掌控"发问"的话语权。具体说来，只要了解不同性格客户的心理与倾向性问题，也就不难采取对策，从而做好引导性的营销策略。否则，营销只能是纸上谈兵、隔靴搔痒，营销的效果也就无从说起。

（二）"情真"意切，创造真诚合作氛围

营销语言十分讲究，除了言辞要精确、鲜明、生动、简洁，以及有针对性地选择沟通方式外，还要给人以"情真"的感受，"感人心者，莫先于情"，世界上没有什么比"情"更能震撼人心。显而易见，只有以诚立言、以信立行的真情，才能创造真诚合作的气氛。李白《侠客行》中的"三杯吐然诺，五岳倒为轻"，说的是几杯酒下肚就作出了承诺，并且把承诺看得比五岳还重，唐代诗人卢照邻《中和乐九章·总歌第九》中的"若有人兮天一方，忠为衣兮信为裳"，更是把诚信提升到了一个立身于世无它不可的境界。

几千年来，"一诺千金"的佳话都离不开"真情"。以情感人，以诚立言、以信立行，这是营销语言艺术的灵魂所在。人世间的"情"，多种多样，但最珍贵处在于一个"真"字，营销语言尤其如此。《庄子·渔夫》对此有颇为精辟的诠释与描述："真者，真诚之至也。""不精不诚，不能动人。故强哭者，虽悲不哀；强怒者，虽严不威；强亲者，虽笑不和。真悲无声而哀；真怒未发而威；真亲未笑而和；真在内者，神动于外，是所以贵真也。"由此可见，情到真处自感人。"精诚所至，金石为开"，老祖宗给我们留下的古训，既然金石尚可开，何况人心！所以说，营销语言一定要以情方能感人，以诚方可取胜。

（三）循序渐进，在犹豫期步步为营

在营销活动的过程中，客户往往有自己的需求与想法，如果营销员急于求成，一开始没有认真地了解客户的真实想法，只是单纯地想让客户接受某个结果，势必会非常困难，还很有可能被拒绝。因此，营销时不要操之过急，应该设计好步骤，循序渐进，首先通过发问一步步诱导客户说出自己真实的想法，并在此基础上找准他们的需求，然后有针对性地引导客户心甘情愿地跟着自己的思路走。但在这种时候，客户虽然"有心"，而又往往还处于犹豫期，从心理学角度看，不等于实现对客户的"俘获"。

"循序渐进"这种营销策略，看似水到渠成，其实也不是全然如此，如果营销员没有掌握好对客户犹豫期施加影响的方法，同样会"竹篮打水一场空"。因此，在这种情况下，营销员要善于借助兵法中的稳扎稳打的"步步为营"的方法，在不断跟进中了解客户因何犹豫，围绕着顾客的意愿和担心之处，尽量"投其所好"，向客户说明产品能给他们带来什么样的"利益"，从而打动客户的心，让洽谈能够顺利的进行下去。这时，如果极力展示自己的产品比别人的有什么优势，或说明产

品售后服务如何如何的好，这样是打动不了客户的。在这个环节上，如果仅凭三寸之舌，也是很难打消了客户的顾虑的，最好的方法也可以通过案例来说服打动客户，必要时还可以邀请客户亲身体验，以充分展示产品的魅力，这比言辞说明更具有说服力和吸引力。

（四）学会换位思考，让服务深入人心

德国哲学家莱布尼茨说过："世界上没有完全相同的两片树叶。"同样的道理，世界上也不存在完全相同的两个人，每个人都是独一无二的。因此，在营销活动中，换位思考是人际关系中非常重要的沟通技能。究其实质，"换位思考"其实就是学会站在客户的角度看问题，设身处地为客户着想，尊重客户的选择，用一颗包容理解的心想客户之所想，急客户之所急。

《论语·颜渊篇第十二章》："己所不欲，勿施于人"，这就是一种换位思考。意思是说自己不想做的事情，也不要强迫别人去做。《圣经》中的《马太福音》里也说："你想要别人怎样待你，你就要怎样待别人。"《论语》和《圣经》从不同的角度说明同一个道理：生活中，每个人做人做事都要懂得"感同身受"和学会换位思考。营销也是如此，只有懂得尊重别人的选择和决定，别人才会用同样的方式对待你。

1．换位思考，营销沟通的需要。

"共情能力"即"移情能力"，是心理学中的一个术语，指的是一种能设身处地体验他人处境，从而达到感受和理解他人情感的能力。这种能力来源于换位思考，共情意味着可以深入感受他人内心世界，理解包容他人的选择并与他人建立亲密的关系。从营销角度看，不管你运用什么表达方式，只要设身处地地从客户的角度去考虑问题、处理问题，即使遇到暂时无法调和的矛盾，在"山重水复疑无地"时，有可能因"感同身受"的换位思考而生发"共情"的效果，从而进入"柳暗花明又一村"的境界。

2．换位思考，自我检讨的需要。

日常生活中，一般的人总是站在自己的角度去看别人，去思考问题。但营销不一样，同样的一个营销活动，不同的人站在不同的角度，或者说从不同的层面解读同样的营销活动，就会有不同的理解、不同的看法，它针对的可能不仅仅是自己的看法和理解，还有可能来自别人的影响。在这样的情况下，最终的结果就会不一样。拿破仑·希尔曾说过："懂得换位思考，能真正站在他人的立场上看待问题，考虑问题，并能切实帮助他人解决问题，这个世界就是你的。"所以，面对不同的客户，如何应对，这是每个营销员都必须面对的问题。凡事学会换位思考，多做自我检讨，无论是对自己还是对客户，无疑都会减少营销过程中很多烦恼，以增添一些越来越和谐的快乐。

3．换位思考，协调合作的必然。

换位思考，不仅要求位置变，而且思维也要变，即站在客户的思维角度去思考，而不是位置改变却仍然站在自己的思维角度去理解客户，这是协调合作的必然。苏东坡曾经说过："横看成岭侧成峰，远近高低各不同，不识庐山真面目，只缘身在此山中。"营销与此也有相似之处，如果营销员不懂从客户的思维角度看问题，无论是"横"看还是"侧"看，所看到的毕竟是非常有限的，要么是"岭"要么是"峰"，也就很难从真正意义上理解"远近高低各不同"的思维模式，所想的也就未必全面，甚至会失偏颇。只有思维随位置之变而变，即站在客户的立场上思考问题，这样才能更好理解彼此的需求，从而与客户在情感上得以沟通，在心与心架起一座合作的桥梁。正如美国著名人际关系学大师卡耐基所言："我每次去钓鱼的时候，不会想我所喜欢吃的东西，而是想这些鱼儿喜欢吃什么。"由此可见，一个优秀的营销员必须具有换位思考的技能，才能赢得更多人的合作之心，这道理显而易见。

参考文献

[1]宋经同.论大学素质教育的实施对高校教师素质的要求［J］.世纪桥，2007（12）.

[2]韩静，许琳，孟双明.高校教师人文素质的培养［N］.山西大同大学学报（社科学版），2008（3）.

[3]包相玲.论高校教师素质的培养与提高［J］.教育与职业，2008（18）.

[4]李尚明，王小康.论素质教育背景下科学教师评价机制的构建[N].安康学院学报，2008（5）.

[5]吴宗保.实施素质教育对高职教师素质的基本要求[N].天津成人高等学校联合报，2001（3）.

[6]颜萍.高校教师素质提高的有效途径［J］.江苏高教，2006（5）.

[7]韩敬愈.教师评价工作应注意的几个问题［J］.教育科学研究，2002（2）.

[8]殷海.关于高校教师素质提高途径的探讨［N］.宁夏大学学报（人文社会科学版），2004（2）.

[9]梁红.大学教师文化素养的内涵及提高［J］.现代大学教育，2003（2）.

[10]谷成，田颖.如何构建和完善高校教师评价体系［J］.高教高职研究，2008（4）.

[11]谷成，田颖.完善高校教师评价体系的思考［J］.当代教育论坛，2008（3）.

[12]董平.对改革大学人文素质教育评价体系和评价机制的思考［J］.前沿，2007（6）.

[13]高世杰.高职院校教师人文素质教育剖析［N］.科技创新导报，2007（35）.

[14]何杨勇，左小娟.教师人文素质论[N].杭州师范学院学报（自然科学版），2003（6）.

[15]李斌，张红，周庆芬.大学教师的素质及其培养［J］.理论界（双月刊），2003（2）.

[16]熊岚.人本取向的高校教师评价研究［J］.高校教育管理，2007（1）.

[17]肖全民.素质教育评价机制试构［D］.桂林：广西师范大学，2001.

[18]韦微.关于我国大学教师评价的研究［D］.西安：陕西师范大学，2006.

[19]章坤.大学教师教育素养及其养成研究［D］.长沙：湖南师范大学，2006.

[20]曹秀娟.高校教学岗位教师能力素质模型与评价方法研究[D].济南：山东科技大学，2006.

[21]袁振国.外国素质教育政策研究［M］.济南：山东教育出版社，2004.

[22]甘阳，陈来，苏力.中国大学的人文教育[M].北京：生活 ·读书 ·新知三联书店，
    2006.

[23]陆挺，徐宏.人文通识讲演录·人文教育卷 [M].北京：文化艺术出版社，2007.

[24]石亚军.人文素质论 [M].北京：中国人民大学出版社，2008.

[25]汪青松，查昌国，张国定.杨叔子院士文化素质教育演讲录 [M].合肥：合肥工
    业大学出版社，2007.

[26]何茂莉.传承与现代——文化人类学视野下的大学精神 [M].北京：民族出版社，2006.

[27]汪刘生.创造教育论 [M].北京：人民教育出版社，2000.

[28]刘凤泰.提高文化素质 培育创新人才——高等学校加强文化素质教育的探索[M].
    北京：高等教育出版社，2001.

[29]黄俊杰.全球化时代的大学通识教育 [M].北京：北京大学出版社，2006.

[30]黄坤锦.美国大学的通识教育 [M].北京：北京大学出版社，2006.

[31]王立新，郑宽明，王文礼，陈莉.大学生素质教育概论 [M].北京：科学出版社，
    2005.

[32]张兴华.人文教育概论 [M].青岛：中国石油大学出版社，2007.

[33]魏国英.女性学 [M].北京：北京大学出版社，2000.

[34]陈雪枫，莫雷.心理自测 [M].广州：暨南大学出版社，1996.

[35]潘燃元，王伟廉.高等教育学 [M].福州：福建教育出版社，1995.

[36]黄克孝.职业和技术教育课程概论 [M].上海：华东师范大学出版社，2001.

[37]刘献君.专业教育中的人文教育 [M].武汉：华中科技大学出版社，2003.

[38]阎光才.大学的人文之旅——大学本科教育中人文社会科学的价值重估[M].北京：
    教育科学出版社，2005.

[39]徐长松.黄成惠，大学生心理概论 [M].上海：上海科学技术出版社，1988.

[40]朱高峰.试论素质教育 [J].北京：高等工程教育研究，2009（1）.

[41]田广林.中国传统文化概论 [M].北京：高等教育出版社，2011.

[42]陈晓龙.中国传统文化概论 [M].西安：陕西师范大学出版社，2009.

[43]沈瑞云.中国传统文化十讲 [M].杭州：浙江大学出版社，2005.

[44]顾植等.中国传统文化精华二十二讲 [M].太原：山西古籍出版社，2004.

[45]周俊玲.中国传统文化概论 [M].成都：四川人民出版社，2005.

[46]肖志刚.文学欣赏 [M].武汉：武汉理工大学出版社，2006.

[47]游国恩，王起，萧涤非，等，中国文学史 [M].北京：人民文学出版社，2002.